JN116940

ブラック
生徒指導

理不尽から当たり前の指導へ

川原茂雄

はじめに

「生徒指導」という言葉を聞いて、皆さんはどのようなイメージを思い浮かべるでしょうか。

体育館や校門での服装・頭髪指導、生徒指導担当の教師から大声で怒られたこと、スカートの長さを測られたり、友人が髪の毛が茶色いからといって黒く染めさせられたことなど、良くない印象や思い出が多いのではないでしょうか。

2017 年に大阪府立高校で女子生徒が茶色い地毛を、校則では黒髪しか認めないという理由で強制的に“黒染め”させられたことから不登校に追い込まれたとして損害賠償請求を起こしました。この訴訟がメディアでも大きく取り上げられ、「ブラック校則」という言葉が注目されました。

「ブラック校則」とは、一般的な常識からかけ離れた、理不尽で不合理な学校の決まり（校則）を意味しますが、この言葉が注目される以前にも「ブラック残業」や「ブラック部活動」という言葉が、今の学校現場における教師の過酷な労働実態を表すものとしてメディアでも取り上げられていました。

元々はブラック企業とかブラックバイトというように、労働現場での長時間労働や違法労働を強いる企業や雇用主に対して使われていましたが、2013年くらいからＳＮＳ上で「今の学校はブラック企業化している」とも使われるようになってきました。たしかに「残業」も「部活動」も「校則」も、今の学校の教師そして生徒たちにとって理不尽で不合理なことが多く、ブラックなものであると言えるでしょう。しかし、今の学校で最もブラックなのは「生徒指導」ではないでしょうか。

私自身は、高校の教師を35年間勤めた中で様々な形で「生徒指導」をしてきました。その間、なぜこのような理不尽で不合理な「生徒指導」をしなければならないのかという違和感と疑問を持ち続けてきました。

そんな私が、5年前に高校の教師を退職し、その後大学の教職課程で「生徒指導論」という講座を担当することになりました。そこで教員免許の取得をめざす学生たちに「生徒指導」について講義をする中で、私自身が持っていた「生徒指導」に対する違和感と疑問を、学生たちも同様に感じていたことが分かりました。

この本では、私自身が感じていた「生徒指導」への違和感と疑問について、これまで考えてきたことをまとめました。生徒や教師にとってブラックなものとして捉えられている「生徒指導」をホワイトなものにするにはどうすべきなのか、この本を手に取ってくれた皆さんと一緒に考え、その実現に向けて一歩を踏み出すことができればと願っています。

目　次

プロローグ
『卒業』の風景

尾崎豊に『卒業』という曲があります。いまの若い人たちはあまり知らないかもしれませんが、1980年代の尾崎豊は「10代の教祖」「若者のカリスマ」として絶大な人気がありました。その人気を決定づけたのが、1985年に発表された『卒業』です。

ここで言われている「卒業」は、もちろん学校からの「卒業」を意味していますが、歌詞の中の「この支配からの卒業」「早く自由になりたかった」という言葉から、「学校＝抑圧するもの」というイメージがこの曲の基調となっていることが分かります。

尾崎豊がデビューし活動した1980年代、日本の学校は校内暴力の頻発と管理主義の広がりによって、生徒たちとっては、学校は抑圧するものとして感じられるようになった時代でした。そんな時代の雰囲気を敏感に感じ取り、それを自分の楽曲で率直に表現したことが、尾崎豊が当時の若者たちから圧倒的な支持を受けた大きな要因だったと思います。

〈校舎の影　芝生の上　すいこまれる空　幻とリアルな気持感じていた〉

教室の窓から見える校庭の広々とした風景から、映画のオープニングシーンのように視線を下から上へと大きくパーンさせて描いていく表現は見事であり、聴く者を一気にこの曲の世界に引き込んでいきます。

〈チャイムが鳴り　教室のいつもの席に座り　何に従い　従うべきか考えていた〉

チャイムの音が、教室の窓からぼうっと外を見ていただろう彼の気持ちを学校の現実に引き戻します。チャイムが鳴ると生徒たちは教室に入り、自分の席に座ります。日本中の学校で、毎日当たり前のように繰り広げられている光景ですが、考えてみると「チャイムが鳴ると教室に入って自分の席に座る」というのは、学校以外ではほとんど見られない行動様式です。

日本の子どもたちは小学校に入学して以来、この基本的な行動様式を身に着けさせられていきます。チャイムが鳴っても教室に入らない、自分の席に着かない児童生徒は教師によって厳しく指導されます。

このような指導を繰り返されることによって、子どもたちは「チャイムが鳴ったら自分の席に座る」という行動様式を身に着けるとともに、「教師の指導には従わなければならない」ことも学んでいきます。

つまり、学校という場所は、特定の行動様式を児童生徒に強いることによって、「教師に対する従順さ」を身に着けさせていくところなのです。〈何に従い　従うべきか考えていた〉というのは、明らかに学校（教師）が強いてくるものに対する疑問であり、反発であるように思います。

〈行儀よく　まじめなんて　出来やしなかった〉

日本の学校が児童生徒たちに強いていること、それは「行儀よく、まじめであれ」です。

「決められた時間に登校し、チャイムが鳴ったら教室に入って自分の席に座り、真面目に授業を聞き、教師の指示や指導には素直に従う」という行動様式を身に着けさせるところが学校なのです。

ある意味で、授業で学ぶ学習内容よりも、むしろ学校（教師）に対する従順さを身に着けることの方が、学校の重要な機能なのではないでしょうか。そのような学校の機能の「抑圧性」を、尾崎豊はその繊細な感受性で感じ、見抜いていたのではないでしょうか。

〈夜の校舎　窓ガラス壊してまわった〉

この歌詞によって、当時どれだけ多くの学校の窓ガラスが割られたか分かりません。尾崎豊自身が、実際にそのような行為をしたわけではないと思いますが、この過激な表現には、自分たちに「行儀よく真面目であれ」

と強いて、従順さを身に着けさせようとする学校（教師）が持つ「抑圧性」に対する反発心・反抗心が明確に示されていると思います。

そして、そのような感性が、校内暴力の頻発と管理主義の広がりの下で学校生活を送っていた当時の多くの若者たちの共感を得たことが、『卒業』のヒットと尾崎豊人気の爆発的な高まりを生んだのではないでしょうか。

〈逆らい続け　あがき続けた　早く自由になりたかった〉

尾崎豊自身は、校内暴力時代の「つっぱり、ヤンキー」のような生徒ではなく、むしろ成績優秀で、生徒会役員などもこなす生徒だったようです。しかし、一方で喫煙、飲酒、暴力事件などで何度か停学処分を受けるような生徒でもあったそうです。

早くから音楽に興味を抱き、将来はミュージシャンを夢みていた尾崎豊にとって、「行儀よく真面目」であることを強いて、「従順さ」を身に着けさせようとする学校（教師）の「抑圧性」は、自分の自由を抑圧し束縛するものとして感じられたのではないでしょうか。

〈信じられぬ大人との争いの中で　許しあい　いったい何　解りあえただろう〉

〈信じられぬ大人〉とは、まさに目の前にいる学校の教師たちのことだと思われます。

ミュージシャンへの思い持つ尾崎豊に対して、おそらく教師たちは「そんな夢みたいこと言ってないで、真面目に勉強して、いい成績をとって、レベルの高い大学に進学しなさい」と言っていたのではないでしょうか。

十代の頃は、だれでも一度は実現不可能にも思えるような夢や理想を抱くものです。それを大人（親や教師）に語っても、多くの場合「もっと現実を見ろ」と説教されてしまいます。「大人（親や教師）は分かってくれない」、そんな「大人への絶望・不信」もまた、多くの若者たちの共感を得たのだと思います。

〈ひとつだけ　解ってたこと　この支配からの　卒業〉

この『卒業』という尾崎豊の曲は、「行儀よく真面目であること」「従順であること」を強いてくる学校からの「卒業」、「夢をあきらめて現実を見ろ」と言ってくる教師への「反抗」を歌ったものでした。しかし、この曲は「学校からの卒業＝夢の実現に向けての自由の獲得」だけが主題でないことが、後半の歌詞から読み取れます。

〈人は誰も縛られた　かよわき子羊ならば　先生　あなたは　かよわき大人の代弁者なのか〉

「大人＝かよわき子羊」ということは、学校を卒業して大人になったとしても、単純に自由を得ることができるわけでなく、引き続き何か別のものに縛られていくのだということ、そして教師は、そのような大人の代弁者として、生徒たちに「夢をあきらめて現実を見ろ」と言っている、ということではないでしょうか。

〈俺達の怒り　どこへ向かうべきなのか　これからは何が俺を縛りつけるだろう〉

学校にいる間は、大人の代弁者として自分たちを縛りつけようとする教師たちに反抗心を向けていれば良かったのですが、学校を卒業した後も、結局はまた何かに縛りつけられていくのです。

〈あと何度自分自身卒業すれば　本当の自分にたどりつけるだろう〉

ここで、この曲の「卒業」という言葉の意味が大きく変わります。

最初は「学校からの卒業」という意味のように歌われていましたが、ここでは「自分自身からの卒業」という意味になり、人は何度も〈自分自身からの卒業〉を繰り返すことによって〈本当の自分〉にたどりつくのだという意味に変容しています。

〈仕組まれた自由に　誰も気づかずに　あがいた日々も終わる　この支配からの卒業　闘いからの卒業〉

「学校からの卒業＝夢の実現に向けての自由の獲得」という構図自体が「仕組まれた自由」であること、たとえ学校を卒業したとしても、また新たな支配・抑圧に縛られていくこと、そして、この支配の連続から逃れるためには「自分自身からの卒業」を繰り返していかなければならないこと、これがこの『卒業』の本当の主題ではないでしょうか。

尾崎豊自身は、高校は卒業せずに中途退学して、彼の夢であったミュージシャンとしてデビューしました。「学校や教師に対する十代の反抗心」を歌った彼は、同世代から絶大な人気を得ました。

しかし、今度はそのイメージが彼を縛りつけたのではないでしょうか。二十代になってからの彼は、そのイメージから逃れようと「あがき続け」たように思います。結局、彼はそのイメージから「卒業」できずに、わずか 26 歳で悲劇的な死を迎えてしまったのでないでしょうか。

それでも、この尾崎豊の『卒業』という曲は、人生における“卒業”の意味を深くとらえた曲として、永遠に聴かれ歌われ続けるのではないでしょうか。

1980 年に私は大学を卒業して、生まれ育った北海道の高校の教師となりました。そこで見た学校の「風景」は、私自身の高校時代のものとはかなり異なったものに見えました。

数年前まで校内暴力で荒れていたその学校は、私が赴任した時には落ち着きを取り戻していましたが、教師たちには常に緊張感があり、彼らからよく言われたのが「そんなことしているとまた（学校が）荒れるぞ」という言葉でした。

当時、その学校で一番力を入れていたのは「生徒指導」でした。これも、よく言われていたのが、「教師全員が足並みを揃えて、一致した基準で、生徒に甘い顔を見せることなく毅然した態度で、どんな小さなことも見逃さず指導する」ということでした。

当時、校内暴力を経験した学校では、全国どこでも共通して言われていたことだったようですが、そんなこともよく知らないまま学校現場に入ってしまった私は、どこかなじめない違和感とそのような「生徒指導」の仕方への疑問を抱きました。

おそらく、尾崎豊自身も、学校や教師の指導に対して、私が感じたような疑問を感じていたのではないでしょうか。彼は、その繊細な感受性と音楽の才能によって、それを曲として表現しましたが、彼と同世代の若者たちも同様に学校と教師の指導への違和感と疑問を持っていたからこそ、彼の曲があれほどの共感を集めたのだと思います。

私自身は、最初の赴任時に感じた「生徒指導」への違和感と疑問に、自分自身が納得できる「答え」を見出すことができず、35 年間それを抱き続けたまま教師としての仕事を続けてきました。

〈人は誰も縛られた　かよわき子羊ならば　先生　あなたは　かよわき大人の代弁者なのか〉

『卒業』という曲の中にある、この言葉は、尾崎豊から教師である私への「問い」であり「叫び」のようにも聞こえました。

そしてその言葉は、何度聴いても、その度に私の胸に刺さり続けてきました。

私はすでに高校の教師を退職していますが、あの時に感じた「生徒指導」への違和感と疑問に対して、きちんとした「答え」を出さない限り、私自身学校からも教師からも「卒業」できないと思っていました。

尾崎豊が『卒業』という曲で突き付けてきた「問い」に、私なりの「答え」をこの本を書いていく中で見出していきたいと思います。

第1章

ブラック生徒指導

●生徒指導は「厳しく、怖いもの」

私が教えている教職課程を履修する大学生たちに、「生徒指導についてどんな言葉をイメージしますか」と「どんな生徒指導を受けましたか」というアンケートを毎年実施しています。イメージされる言葉の上位には、「頭髪検査（指導）」「服装検査（指導）」「身だしなみ検査（指導）」「校則」「体育教師」「礼儀・あいさつ」「呼び出し」「校門・玄関指導」「停学」「持ち物検査」「スカート丈」などが必ずあがります。さらには「厳しい」「怖い」「うるさい」「面倒くさい」「細かい」という言葉もありました。

「どんな生徒指導を受けましたか」では、次のような回答が寄せられていました。

◎私が受けた生徒指導は服装・頭髪を正すことや学校の規則を守ることがほとんどでした。

◎登・下校時の自転車の乗り方や、集合したら並んで縦と横の列をしっかりと合わせること、女子はＹシャツの上に（透けて見えないよう）ブレザーやベストを着用すること——などの指導を受けました。

◎頭髪や爪、スカートの丈をチェックされる身だしなみ検査を生徒指導だと思っていました。

◎生徒指導は高校の時に怖い先生がいたという印象が強くあります。特に１年生の時はとても厳しいものでした。中学校との違いを見せつけられるような服装・頭髪検査だったり、スマホの使用制限、授業のチャイムが鳴る前に着席するなど大変だったのを覚えています。

ほとんどの大学生たちにとって生徒指導の最大のイメージは、教師から「服装・頭髪などの校則を守らされる指導」であり、それに対して「厳しい」「怖い」などのネガティブでブラックなイメージを抱いているように思われました。

一方で、かなりの学生たちが「自分は生徒指導を受けたことがない」と答えていたのは驚きでした。

◎私は中学校、高校を通して、生徒指導を受けたことはありません。しかし、学校で生徒指導部が主体となって定期的に行う服装・頭髪検査は強制だったので参加していました。他の生徒指導は特に受けておらず、生徒指導＝服装検査、怖い先生というイメージしかありません。
◎あまり目立った行動はとらず、問題も起こさない学生生活を送ってきました。なので、生徒指導はほとんど受けた覚えはありません。

彼らにとっての生徒指導とは、「服装や頭髪などの校則を守らない生徒」や「問題行動を起こす生徒」など「特別な生徒」に対しての「特別な指導」だとネガティブに捉えられているのです。従って「校則を守って問題行動を起こしたことがない生徒」だった自分は、生徒指導は「受けたことがない」となるようです。

学校での教師の生徒指導は、「校則を守らせる指導」や「問題行動を起こした生徒への指導」だけではなく、その内容と範囲は実に多岐にわたっており、ある意味で学校教育の基盤を形成する重要な機能であるともいえます。しかし、それを受けてきた生徒たちから見ると、生徒指導はとてもネガティブでブラックなイメージでしかないのです。

●生徒指導は「できればやりたくない」

一方、教師たちの生徒指導のイメージは、どのようなものでしょうか？

全国高校校長協会が2007年に実施した調査で「生徒指導上の課題」としてあげられているのは、1位「服装指導」、2位「登下校指導」、3位「基本的生活習慣の確立」、4位「頭髪指導」、5位「喫煙・飲酒の防止」、6位「授業規律の確立」でした。やはり生徒指導の主なイメージは「服装や頭髪などの校則を守らせる指導」や「非行・問題行動を起こした生徒への指導」となっており、大学生たちの生徒指導のイメージとさほど大きな差がないように思われます。

よく教師たちの会話に出てくるのは、生徒指導が大変な学校（学級）と大変でない学校（学級）があることです。生徒指導が大変な学校（学級）

は、児童生徒が校則や規律を守らず、非行や問題行動が頻発する学校（学級）です。逆に、生徒指導が大変でない（楽だ）という学校（学級）は、児童生徒が校則や規律をきちんと守り、教師の指導に素直に従う学校（学級）だということです。

多くの教師たちの本音としては、できれば生徒指導が大変でない学校に行きたいし、生徒指導が大変でない学級を持ちたいと思っているのではないでしょうか。

おそらく生徒指導をやりたいから教師になったという人は、あまりいないのではないでしょうか。教師を目指す大学生たちのその理由の多くは「好きな教科（得意な教科）を授業で教えたい」「子どもの成長や発達にかかわる仕事に就きたい」というものです。少なくとも生徒指導、とりわけ「校則を守らせる指導」や「問題行動への指導」をやりたいから教師を目指している学生に、私はいままで会ったことはありません。

しかし、生徒指導は教師になったからには、必ずやらなければならない仕事です。学校における教育を成り立たせるためには、必ず教師の誰かが（あるいは教師全員が）生徒指導をやらなければならないのです。ところが、毎年、年度初めに校務分掌の希望を取ると、一番人気がないのは生徒指導部なのです。

仕方がないので、教頭は生徒指導部の担当になってもらえそうな教師のところにお願いに回っていました。その結果、毎年ほぼ同じような顔ぶれの教師が生徒指導部担当になってしまうのです。生徒指導は、生徒から嫌われるだけでなく、教師からも避けられているのです。多くの教師は、生徒指導を「やらなければならない仕事」とは思ってはいても、自分が「積極的にやりたい」とは思っていないのです。

つまり多くの教師にとって、生徒指導は「できればやりたくないが、誰かがやらなくてはならないから、やっている仕事」なのです。それが、児童生徒の成長や発達のために本当に必要な指導であると思えれば、多少の苦労や困難があっても、教師である以上、その仕事をやることに抵抗はあまりないはずです。

しかし、その生徒指導が本当に児童生徒の成長や発達のために必要かということについて、自分自身が納得できず、生徒にも説明ができない時、それは苦痛なものになるのです。そうした意味で、教師にとっての生徒指導とは、非常にネガティブでブラックなものになりやすい仕事の一つであると思います。

●生徒指導は「理不尽で不合理なもの」？

大学生たちが実際に中学・高校生時代に体験してきた生徒指導のイメージは厳しく、怖く、面倒くさいものでした。だからこそ彼らの多くは、学校生活の中ではきちんと服装・頭髪などの校則を守り、問題行動を起こさないようにして、「生徒指導を受けなくても良い生徒」であろうとしてきたのです。

そして、多くの教師にとっても「校則を守らせる指導」や「問題行動への指導」という生徒指導は、それが教育的に重要で無視できない仕事だと認識していながらも、できれば自分はやりたくない、関わりたくないと思っているのです。

このように生徒の立場からの「受けたくない生徒指導」と、教師の立場からの「やりたくない生徒指導」を、ここでは「ブラック生徒指導」と名付けたいと思います。

ここで言う“ブラック”には、単に生徒指導に対して生徒や教師が持つ「自分は受けたくない、自分はやりたくない」という消極的な面だけでなく、生徒や教師が感じている「理不尽で不合理な生徒指導」や「行き過ぎた生徒指導」という問題を抱えたイメージも含んでいます。

大学生たちが受けてきた生徒指導の中で一番多い体験は、「ささいなことを大声で怒られた」ことです。確かにささいなことでも、学校では許されないことであれば注意・叱責されることは良くあることですが、彼らが「そんなことで、そこまで怒るのか」と思うような生徒指導を受けてきた者は少なくありません。その行為に対して指導されること自体は正当だと感じながらも、その指導の仕方に理不尽さを抱いているのです。

もう一つは、自分がやった行為に対して教師から生徒指導を受けたが、なぜ自分がそのような指導を受けたのかについて「納得ができない・理由が分からない・説明されない」という体験です。そうした指導を受けた理由を説明するように教師に求めても、「生意気言うな」と怒られるだけで、きちんと説明されないことがあります。また教師の誤解や事実誤認による場合に生徒が事情を説明しようとしても、「言い訳するな」とさらに怒られたりするケースもあります。

さらに、教師の機嫌の良い時、あるいはお気に入りの生徒に対しては注意・叱責することは少ないのに、機嫌が悪い時や気に入らない生徒に対しては厳しく注意・叱責するという、不平等な生徒指導を受けた体験もあります。また生徒の容姿や成績などについて教師から差別的、侮辱的な発言をされ、精神的に傷つけられることもあります。

このような教師の生徒指導に対して、生徒が理不尽さを抱き、そうした生徒指導は「受けたくない」と思うのは当然のことだと思います。

●パワハラ的生徒指導も「行き過ぎた」で容認

いわゆる「行き過ぎた指導」と呼ばれる、体罰を含んだ叱責・どう喝をする生徒指導があります。それは教師が生徒に対して校則を守らせようとする指導や、学級指導や部活動指導で生徒に教師の言うことをきかせようとする場面で起きることが少なくありません。このようなパワーハラスメント的な生徒指導は、「学校ハラスメント」とか「スクール・パワハラ」とも呼ばれています。

一番極端な指導が教師による体罰です。教師による体罰は学校教育法第11条によって禁じられているにもかかわらず、学校現場ではいまだに絶えることはありません。その理由として教師による体罰が、しばしば「指導に熱心のあまり」とか「指導が行き過ぎてしまって」という表現によって、学校現場では容認されてしまう土壌があります。

また体罰に至らないまでも、教師がその暴力的な言動によって生徒を叱責・どう喝するなどして精神的に圧迫する生徒指導もあります。

このようなパワハラ的な生徒指導は、生徒に対して精神的・肉体的な苦痛を与えることが多く、それによって生徒の身体や人格の尊厳を傷つけるような深刻な人権侵害に及ぶことがあります。時には、体罰や暴言などの「パワハラ的な生徒指導」が原因で、生徒を死に追い込んだ事件も発生しています。このような「学校ハラスメント」「スクール・パワハラ」についても、ここでは「ブラック生徒指導」と呼びたいと思います。

いうまでもなく教師としてのメインの仕事は、学校の教育目標達成のために編成された教育課程を、教科活動と教科外活動の両方を通じて実施していくことです。生徒指導とは、その教育課程の実施を補正・補助するための機能として働くものですが、その学校の教育課程が問題なく実施されている時には、生徒指導はそれほど大変ではありません。しかし、その学校の教育課程が様々な問題によって円滑に実施することが難しくなった時、その学校の生徒指導は大変になっていくのです。

生徒指導が大変になってくると、生徒指導に関係した仕事が増えていきます。児童生徒が校則を守らなくなっていけば、なんとかして守らせようとしますし、問題行動が頻発してくればその対応や指導に追われます。このような規律指導と問題行動への指導が日常的に大変になってくると、当然、教育課程を教科活動と教科外活動で実施していくメインの仕事にも大きな影響を与えます。

なんとか規律指導と問題行動への指導という生徒指導に力を入れて、学校の大変な状態を克服したとしてもすぐに教師は楽になるわけではありません。今度は二度と学校が大変な状態にならないようにするための新たな生徒指導の仕事が増えていきます。校門や玄関での指導（服装・頭髪のチェックやあいさつ運動）、全校集会での一斉服装・頭髪検査、校内外での巡視指導、そして全員参加の部活動指導など、これらの生徒指導は日常の規律指導や問題行動への指導に加えて教師の仕事をどんどん増やしていくことになり、それは教師の長時間で過重な労働を招いてしまっています。

また、このような生徒指導を過度に進めていくことによって、教師と生徒の信頼関係をつくることが難しくなり、場合によっては児童生徒の反発や反抗、教師による暴言や暴力につながることになります。このような生徒指導のブラック化は、教師の多忙化やストレス・精神的疲労の蓄積、さらには精神的疾患の深刻化を引き起こし、教師の休職や中途退職、過労死などにつながってしまいかねません。

●ブラック問題の本丸は生徒指導のブラック化

いま、「ブラック校則」が話題になっています。発端は、2017年に大阪府立高校で女子生徒が生まれつきの茶色い頭髪を、校則が黒髪しか認めないとして強制的に“黒染め”させられたことです。それによって精神的苦痛を受けた女子生徒は不登校に追い込まれ高校を中退せざるを得なくなってしまい、大阪府に損害賠償請求を求めました。この問題はメディアでも大きく取り上げられました。

「髪染め強要で不登校」
「生まれつき茶色」高3、大阪府提訴
修学旅行締め出し

髪の黒染め指導で「精神的苦痛」
生まれつきの茶髪
高3が大阪府提訴

髪「黒染め強要」波紋

「髪染め強要」提訴を報じる新聞各紙

学校の校則の不合理さ・理不尽さについては、日本の高校や中学校で校内暴力が頻発し、それを鎮圧化するための管理主義的な生徒指導が広がっていった1980年代のはじめ頃に、社会的に大きな問題となりました。その後、学校の管理主義的な生徒指導への批判の高まりや文部省（当時）の校則見直し通達（1988年）など一定の改善の動きがあり、メディアの関心が「いじめ問題」の方に移っていったこともあって、その後、「理不尽で不合理な校則」については世間的に大きな話題となることはありませんでした。

近年になり、教師の「ブラック残業」や「ブラック部活動」など、過酷で理不尽な労働実態が社会的問題としてメディアにも取り上げられるようになってきた中で、この校則による地毛の黒染め問題が「ブラック校則」として再び社会的な問題となり、それをテーマとした小説や映画が話題になりました。

「ブラック○○」という言葉は、もともとは「ブラック企業」や「ブラックバイト」というように労働現場での長時間労働や違法労働など不当な労働条件を強いるような企業や雇用主に対して使われていたものですが、2013年くらいからブログやツイッターなどのＳＮＳ上で「学校がブラック企業化している」とか「部活は子どもたちにも教師にとってもブラック」というような言説が話題となってきました。

なぜ今、これほどまでに学校のブラックな問題が大きな社会問題としてクローズアップされてきているのでしょうか。それは、もはやこれらの問題が教師の善意と熱意だけではいかんともしがたくなり、生徒への悪影響はもちろん、教師の生活と健康までも破壊するブラックなものになったからだと思われます。そして、そうなった原因の一つには生徒指導がブラックなものになっていることがあるのではないでしょうか。ある意味、学校のブラックな問題の本丸は生徒指導のブラック化にあるのです。

学校における生徒指導は、本来は生徒一人ひとりの人格を尊重し、個性の伸長を図りながら、社会的資質や行動力を高める指導であり、その内容と範囲は実に多岐にわたっており、学校教育の基盤を形成する重要な機能であるといわれています。

しかし、現実の学校での生徒指導は「服装や頭髪などの校則を守らせる指導」や「問題行動を起こした生徒への指導」が中心となっており、生徒たちにとっては「受けたくない指導」、そして教師にとっては「やりたくない指導」になって、児童生徒の人間的な成長や発達を促すものというよりは、時には児童生徒の人格や身体を傷つけたり人権を侵害したりする「ブラックな生徒指導」になっているのではないでしょうか。

●学校は「ブラック」の始まり？

サンドラ・ヘフェリンさんという日独ハーフのコラムニストが、最近『体育会系　日本を蝕む病』（光文社、2020年）という本を出版しました。日本在住22年というサンドラさんは、ブラック企業に代表される過重労働、パワハラ・セクハラなどの社員に対する理不尽な要求や不条理な扱いは、企業社会だけでなく、学校をはじめとする日本のあらゆる組織や集団の中で見られることであり、そのようなブラックなことが日常化している原因を、日本社会にまん延している「体育会系」の思考や精神だとしています。そして、この「体育会系」の思考や精神の基本は、「やればできる」という「頑張りの強要」と「理不尽な根性論」であるとしています。

サンドラさんの著書の第１章には、「学校は“ブラック”の始まり」というタイトルがついています。サンドラさんは、日本社会にはびこる理不尽な様々な現実は、学校の中にある「体育会系」をはじめとするブラックな教育が原因だと分析しています。

例えば運動会で組体操やピラミッドに取組ませたり、校則で茶色い地髪を強制的に黒染めさせたり、体罰やスパルタ教育によって鍛えようとする部活動によって、子どもたちにブラックな思考が植えつけられてしまうと、大人になって就職した企業で理不尽な扱いを受けても「これくらいは我慢しなければいけない」「自分の努力や忍耐力が足りない」と考えてしまい、最後には燃え尽きたり、過労自殺に追い込まれることもある、としています。つまり日本の企業社会のブラックさは、学校のブラックな教育にその起源があるというのです。

ちなみに、サンドラさんの母国であるドイツにも、かつては子どもを甘やかせず、体罰を含んで厳しくしつける教育観がありましたが、現在はドイツ語で「黒い教育」（Schwarze Pädagogik）と呼ばれ、その子の人生を台無しにする非人道的な教育として否定されているそうです。

日本社会にある様々な理不尽や不条理というブラックな現実の起源にはブラックな学校教育があり、その本丸にはブラックな生徒指導があるのではないでしょうか。だとするならば、日本社会のブラックな現実をホワイトなものにするためには、ブラックになる生徒指導の実態にメスを入れて、なぜ日本の学校の生徒指導がブラックになるのか、どうすればホワイトなものに変えていけるのかをしっかりと考え、解明していく必要があると思います。

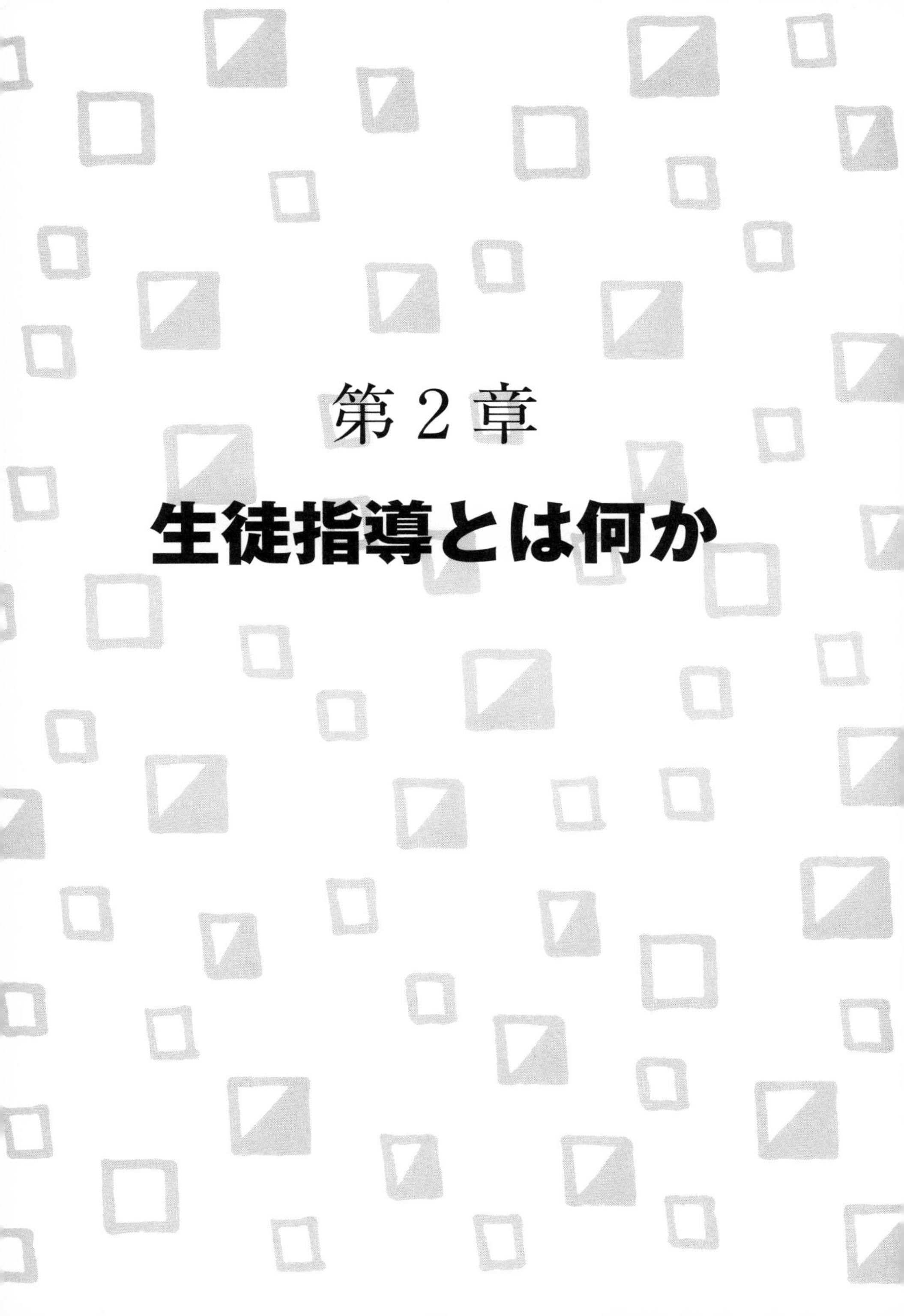

第２章
生徒指導とは何か

●生徒指導は「人格を尊重し、個性の伸長を図る」

日本の学校において教育すべき内容や目標を定め、各学校における教育課程の基準となるものとして学習指導要領がありますが、実は生徒指導については、その内容や目標についてはほとんど記述がありません。中学校学習指導要領では、その「総則編」において、「教師と生徒の信頼関係及び生徒相互の好ましい人間関係を育てるとともに生徒理解を深め、生徒が自主的に判断、行動し積極的に自己を生かしていくことができるよう、生徒指導の充実を図ること」という記述があるのみです。この「生徒指導の充実を図ること」というフレーズは、そのまま小学校学習指導要領、高等学校学習指導要領の「総則編」でも使われています。

学習指導要領には、学校で教育すべき教育課程の内容について、各教科や教科外活動それぞれの目標や内容が詳細に規定されています。それには法的拘束力があるとされていて、その目標や内容から外れた教育をすることは認められません。しかし、生徒指導については、ただ「充実を図ること」とだけしか記述されていないのです。

その代わりというのでしょうか、生徒指導の指導内容や指導方法についての文部科学省（2001年、省庁再編により文部省と科学技術庁を統合して設置）の基本的な考え方や理論をまとめたものとして「生徒指導提要」(2010年)があります。これは、文部省が1965年に刊行した「生徒指導の手びき」、さらにはその改訂版として1981年に刊行した「生徒指導の手引（改訂版）」を引き継いで全面改訂したものですが、学習指導要領のように官報に告示されるのとは違って、あくまでも文科省の「著作」という形で刊行されているものです。この「生徒指導提要」では、生徒指導についての文科省の基本的な概念を以下のように説明しています。

生徒指導とは、一人一人の児童生徒の人格を尊重し、個性の伸長を図りながら、社会的資質や行動力を高めることを目指して行われる教育活動のことです。すなわち、生徒指導は、すべての児童生徒のそれぞれの人格のよりよき発達を目指すとともに、学校生活がすべての児童生徒にとって有意義で興味深く、充実したものになることを目指し

ています。生徒指導は学校の教育目標を達成するうえで重要な機能を果すものであり、学習指導と並んで学校教育において重要な意義をもつものと言えます。

各学校においては、生徒指導が、教育課程の内外において一人一人の児童生徒の健全な成長を促し、児童生徒自ら現在及び将来における自己実現を図っていくための自己指導能力の育成を目指すという生徒指導の積極的な意義を踏まえ、学校の教育活動全体を通じ、その一層の充実を図っていくことが必要です。

これを整理すると、生徒指導とは、①児童生徒の人格を尊重し、人格のより良き発達を目指すもの、②児童生徒の個性の伸長を図り、一人一人の自己実現を助け、自己指導能力の育成を目指すもの、③児童生徒の社会的資質や行動力を高めるとともに、学校生活が有意義で興味深く、充実したものとなることを目指すもの――ということになります。

●「そんな生徒指導は受けたことがない」

大学の教職課程の「生徒指導論」の講義の中で、この３項目の生徒指導の定義（文科省「生徒指導提要」による）を伝えると、大学生たちは自分たちが持っている生徒指導のイメージとのあまりの違いに大きな驚きと戸惑いを感じるとともに、そんな生徒指導は今まで受けたことがないと答える大学生も少なからずいました。彼らは以下のようなレポートを提出してくれました。

◎文科省の示す生徒指導には「人格の尊重」「個性の伸長」などという言葉がありますが、私が見てきた生徒指導には、そんな要素はなく、むしろ反対のことをしていました。肩につく髪はしばる、前髪は目にかからないようにする、スカートはひざ下から○センチ……どこに個性があるのでしょうか？

◎私がこれまで感じていた生徒指導と、文科省の生徒指導の概念とには大きなギャップがあり、驚きました。人格を尊重し、個性の伸長を図る、そんなことを生徒指導で感じたことは一度もありません。

校則や社会のルールを破った生徒を先生がきつく叱り、処分を決めているところしか見たことがありません。

大学生たちが持っている生徒指導のイメージは、むしろ、「児童生徒の人格を傷つけ、個性を押さえ込み、自己実現を阻むもの」として感じられているように思われます。大学生たちが抱いている生徒指導のイメージと、文科省の生徒指導の定義とは、どうしてこれほどまでの違いがあるのでしょうか。

最初に紹介した教職課程を履修している大学生たちの生徒指導のイメージは、圧倒的に「服装・頭髪など校則を守らせる指導」であり、「問題行動への対応・指導」であり、「厳しい、怖い、うるさい、細かい、面倒くさい」指導であり、できれば受けたくない指導でした。

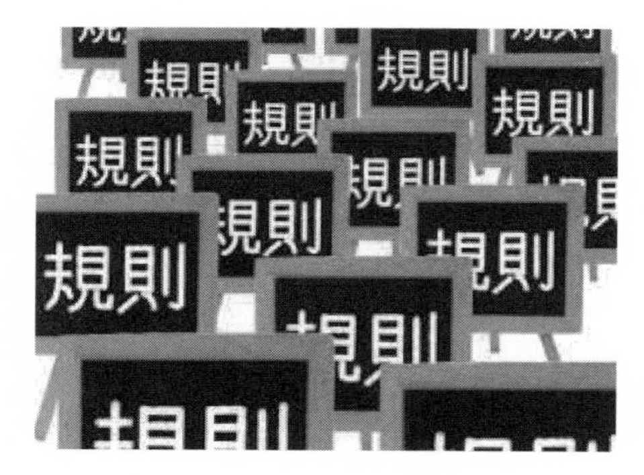

大学の教職課程のテキストとして出版されている「現代生徒指導論」(学事出版)には、「一般的に、高等学校における生徒指導部などの校務分掌の役割は、主に『校内規律に関する指導』『問題行動に対する指導』であって、教育相談は他の分掌(保健部など)や校内委員会組織が担っている場合が少なくない。そのため、生徒は『生徒指導の先生』を、服装・頭髪指導・遅刻指導・叱責・訓告などを行う『叱り役の先生』と認識していることが多い」として、学生が持っているこうした生徒指導のイメージは「狭義の生徒指導」であって、本来の(広義の)生徒指導は、教育相談なども含む広い考え方であると記載されています。

しかし、大学生たちが児童生徒時代に経験してきた生徒指導のイメージは、まさに「服装・頭髪指導、持ち物などの検査、遅刻、校門指導、非行や問題行動をした者への叱責、罰、懲戒、いじめや不登校への対応など」であり、「校内規律に関する指導」「問題行動に対する指導」であり、大学生たちの多くは生徒指導の教師を「叱り役の教師」と認識しているのです。

これらの大学生たちが経験してきた指導について、さきの「現代生徒指導論」では、これはあくまでも「狭義の生徒指導」であるとしていますが、大学生たちが児童・生徒時代に経験してきた生徒指導のイメージとは異なった「本来の生徒指導」があるということなのでしょうか。そのような「本来の生徒指導」があるとしたら、大学生たちの厳しい・細かいなどのイメージの元となった実際に経験してきた生徒指導は一体なんだったのでしょうか？

●積極的な生徒指導と消極的な生徒指導

文部省が1965年に発行した「生徒指導の手びき」では、学校における生徒指導について、「非行対策といったいわば消極的な面にだけあるのではなく、積極的にすべての生徒のそれぞれの人格のより良き発達をめざすとともに、学校生活が生徒一人一人にとっても、また学級や学年、さらに学校全体といった様々な集団にとっても、有意義にかつ興味深く、充実したものになるように目指すもの」としています。

ここでは、生徒指導というものを、大きく二つの側面に分けて考えることができるとされています。一つは生徒指導の積極的な面として「生徒の人格あるいは精神的健康をより望ましい方向に推し進めようとする指導」としていますが、これは文部省が定義している生徒指導の意義そのものです。もう一つを生徒指導の消極的な面として「非行対策」や「適応上の問題や心理的障害などをもつ生徒、いわゆる問題生徒に対する指導」であるとしています。また、この積極的な面としての生徒指導については「開発的な援助」が必要であり、「消極的な面」としての生徒指導については「治療的な援助」が必要であるとしています。

さらに、文科省が2010年に発行した「生徒指導提要」では、生徒指導には集団指導と個別指導があり、そのいずれにおいても①「成長を促す指導」、②「予防的指導」、③「課題解決的指導」の三つの目的に分けることができるとされています。ここでの①「成長を促す指導」は、さきの生徒指導における「積極的な面・開発的援助」に相当し、②「予防的指導」と③「課題解決的指導」は生徒指導における「消極的な面・治療的援助」に相当すると思います。

「生徒指導提要」では、①の「成長を促す指導」は、「すべての児童生徒を対象に、個性を伸ばすことや、自身の成長に対する意欲を高めることをねらいとしたもの」とされています。②の「予防的指導」は、「一部の児童生徒を対象に、深刻な問題に発展しないように、初期段階で諸課題を解決することをねらいとしたもの」とされます。③の「課題解決的な指導」は、「深刻な問題行動や悩みを抱え、なおかつその悩みに対するストレスに適切に対処できないような特別に支援を必要とする児童生徒に」対する課題解決に焦点を置いた指導とされています。

生徒指導の概念を、このように①の「成長を促す指導」を含んだものとして考え、「生徒指導提要」の定義のように「人格を尊重」し「個性の伸長」と「自己実現」を目指すものとして広義の生徒指導ととらえると、その中には当然「教科活動」も「教科外（特別）活動」も「進路指導」も「教育相談」なども含まれていくと思います。

しかし、実際には、これまで見てきたように、大学生が体験してきた生徒指導のイメージも、そして学校現場で教師たちが取り組んでいる生徒指導も、圧倒的に文科省の言う「消極的･治療的な生徒指導」であり、②の「予防的な指導」と③の「課題解決的な指導」そのものであるように思われます。文部省の「生徒指導の手びき」的に言うと、このような「消極的な生徒指導」は、あくまでも生徒指導の一部であり、それは「狭義の生徒指導」ということになりますが、むしろ学校現場では、こちらの「消極的な生徒指導」により積極的に取り組んでいるように思われます。

●「生徒らしい生徒」にするリアルな生徒指導

大学生たちが児童生徒時代に体験してきた生徒指導のイメージ、そして学校現場で教師たちが取り組んでいる生徒指導のイメージは、それほど大きく違っていないように思います（少なくとも文科省が定義している生徒指導のイメージよりは）。

大学生たちが体験してきた生徒指導、そして教師たちが学校で実際に行っている生徒指導は、文科省の言うところの「消極的な生徒指導」「予防的・治療的な生徒指導」であり、「問題・課題解決的な生徒指導」とほぼ同じものであると思われます。このような大学生と教師たちのリアルな体験に基づいた具体的な生徒指導を「リアルな生徒指導」と名づけて、その現実と実態について考えたいと思います。

学校で実際に行われている「リアルな生徒指導」とは、どのような指導なのでしょうか。それは「生徒を生徒らしくする指導」であるように思われます。では、「生徒らしい生徒」とは、どのような生徒なのでしょうか。そして、「生徒らしくない生徒」とは、どんな生徒なのでしょうか。すぐに思い浮かぶのは、①学校で決められている「規律・ルール・校則」が守れない生徒②非行・問題行動を起こす生徒――ということだと思います。

このような「生徒らしくない生徒」を、「生徒らしい生徒」すなわち「学校で決められている規律・ルール・校則を守る生徒、非行・問題行動を起こさない生徒」にするような指導が、学校で実際に教師が行っている生徒指導なのではないでしょうか。つまり「リアルな生徒指導」とは、「生徒らしくない生徒」を「生徒らしい生徒」にするための指導なのです。

●校則を守らせるための「規律指導」

この「リアルな生徒指導」には、大きく二つの指導があると思います。

一つは、「学校の規則・校則を生徒たちに守らせる指導、守らない生徒への指導（規律指導）」です。学校で教師たちが生徒たちに学校の規則・校則を守らせるために、主に以下のようなことを「リアルな生徒指導」として行っています。

---

①日常的な児童生徒に対する指導――注意、叱責、説教、命令、どう喝
②校門・玄関指導――遅刻指導、服装・頭髪の点検・指導、あいさつ運動
③全校・学年集会指導――整列指導、説教、服装・頭髪の一斉検査
④校内・校外巡視――見回り、パトロール、登下校・通学指導

このような生徒指導は、基本的にはその学校の教職員全員で、学校教育のあらゆる場面で行うことになっています。しかし、実際には、その最前線に立つのは学校の校務分掌で生徒指導部に所属する生徒指導担当教員と

なります。

校務分掌の任務は、本来は持ち回りなのですが、生徒指導部を担当する教員はいつも「声が大きい、態度が大きい、押しが強そう」な教員、「厳しそう、怖そう、うるさそう」な教員がなることが多いのです。現実的にはその学校の体育教師が担当する場合が多いことから、大学生の生徒指導のイメージにも「体育教師」がよく上げられるのでしょう。

学校教育法では中学校・高等学校には必ず「生徒指導主事」というポストを置かねばならない、とされています。一般的には「生徒指導部長」と呼ばれていますが、この部長のもとに校務分掌としての生徒指導部では、大きくは以下のような任務分担に分かれて仕事をすることになります。

---

①校内生徒指導担当（玄関指導、集会指導、服装頭髪指導、校内巡視、落し物の対応、遅刻指導）
②校外生徒指導担当（校外巡視、通学指導〈自転車、バス、鉄道〉、アルバイト届け、交通安全指導）
③生徒会指導担当（生徒会執行部や各種委員会の指導、行事の運営指導）
④教育相談担当（教育相談室の運営、カウンセリング、家庭訪問、各種機関との連携）

学校によっては生徒会担当や教育相談担当を別立ての校務分掌として生徒会指導部、教育相談部としているところもありますが、いずれも生徒指導部の担当としている学校も少なくありません。これは、学校における生徒指導の成り立ちの過程から、こうした仕事も生徒指導に含まれるという考え方からなのでしょう。ただ、生徒指導とも関連の深い進路指導については、どこの学校でも生徒指導部とは別に進路指導部という分掌が置かれています。

●「特別指導」というリアルな生徒指導

もう一つのリアルな生徒指導は、「問題行動を起こした生徒への指導・起こさせないための指導（特別指導）」です。ここでいう問題行動とは、教師への暴言・反抗、校内の器物損壊、カンニング行為、喫煙、飲酒、万引き、窃盗、恐喝、暴力行為、傷害、薬物乱用、家出、不純異性交遊などです。さきの「規律指導」という生徒指導との大きな違いは、その指導が教師の児童生徒に対する個人的な注意、叱責、命令、どう喝のレベルを超えるということです。その生徒に対する生徒指導が、個人的なレベル、学級や学年のレベルを超えて、全校的な体制によって指導が行われるような生徒指導を、学校では（特に高校では）「特別指導」と呼んでいます。

特別指導の対象となる生徒の問題行動が起きた場合、たいてい以下のような指導のプロセスとなります。

●問題行動（事件）の発覚→生徒指導担当教員による当該生徒からの事情聴取→生徒指導部および関係教員とでの指導措置原案の策定→職員会議での指導措置の審議・決定→学校長からの指導措置の申し渡し→該当生徒への指導措置の実施

特別指導は、当該生徒の非行・問題行動の程度によって、①生徒指導部長による説諭、②学校長による説諭･訓告、③学校長による有期の謹慎（停学）処分、これには学校内謹慎と家庭内謹慎がある、④学校長による無期の家庭謹慎（停学）処分、⑤学校長による退学処分――などがあります。

義務教育の小中学校の場合は、③～⑤はできませんが、生徒の問題行動の程度によっては、出席停止の措置を教育委員会が行うことができます。

このような特別指導は、学校における「懲戒処分（退学・停学・訓告）」とも言われますが、実際には今の高校では、このような法的処分としての懲戒（退学・停学・訓戒）は、ほとんど行われていません。法的処分としての懲戒であれば、その生徒の指導要録に記録を残し、教育委員会に報告しなければならないことから、ほとんどの学校では「停学」を法的処分としの懲戒ではなく、「謹慎」という形の指導措置で行っています。また、「退学」についても、法的処分としての懲戒として学校長が申し渡して「退学」させるのではなく、生徒自身から「自主退学」申し出るように促しているのがほとんどです。

●「リアルな生徒指導」がブラックになる？

学校で実際に教師が行っているこのような「リアルな生徒指導」を、私自身も高校の教師として35年間行ってきました。時にはクラス担任としての立場で、時には生徒指導部の一員として、そうでない立場であっても、学校の教師としてこのような「リアルな生徒指導」に関わらないことはありませんでした。

しかしこの間、「リアルな生徒指導」に対する以下のような疑問を私自身常に感じ続けてきました。

▽このような「生徒指導（リアルな生徒指導）」は、何のためにするのか？
▽なぜ生徒は校則をきちんと守らなければならないのか？
▽なぜ生徒は制服をきちんと着なければならないのか？
▽なぜ生徒は反省文を書かさなければならないのか？
▽なぜ生徒は遅刻や中抜けをしてはいけないのか？
▽なぜ生徒はタバコを吸ったら停学になるのか？
▽なぜ生徒は何回も停学になると退学しなければならないのか？

考え始めると、きりがないくらいの疑問が次々と浮かんできました。一番困ったことは、このような疑問について、それを生徒から聞かれた時にきちんと答えることができなかったことです。教師としての35年余りの在職中に、これらの疑問についての明確な「答え」を見出せませんでした。

その指導が本当に児童生徒の成長や発達のために必要なものかどうかについて、教師である自分自身が納得できない、生徒に説明ができない「リアルな生徒指導」をやらなければならないことは、とても苦痛でした。

このような「校則を守らせる指導」や「非行問題行動への指導」という「リアルな生徒指導」は、それが教育的に重要で必要な仕事であることは認識していながらも、正直なところできれば自分はやりたくないし、関わりたくないと思っていました。

「本当はやりたくないのだが、仕方なくやらなければならない」となった時に、その仕事はブラックなものになります。そうした意味で、私にとって「リアルな生徒指導」という仕事は、非常にブラックなものでした。

このような「リアルな生徒指導」は、別な意味でもまたブラックになりやすいものです。いわゆる「ブラック校則」と呼ばれるような不合理で理不尽な校則による生徒への指導や規制・取締り、あるいは「ゆきすぎた指導」と呼ばれるような体罰を含んだ叱責・威嚇・どう喝などの教師のハラスメント的な指導が行なわれるのも、このような「リアルな生徒指導」での場面が多いように思います。

いったいどうして、そしてどのように「リアルな生徒指導」はブラックになっていくのでしょうか？それを以下の章で、「懲戒」「体罰」「校則」という三つの側面から具体的に見ていきます。

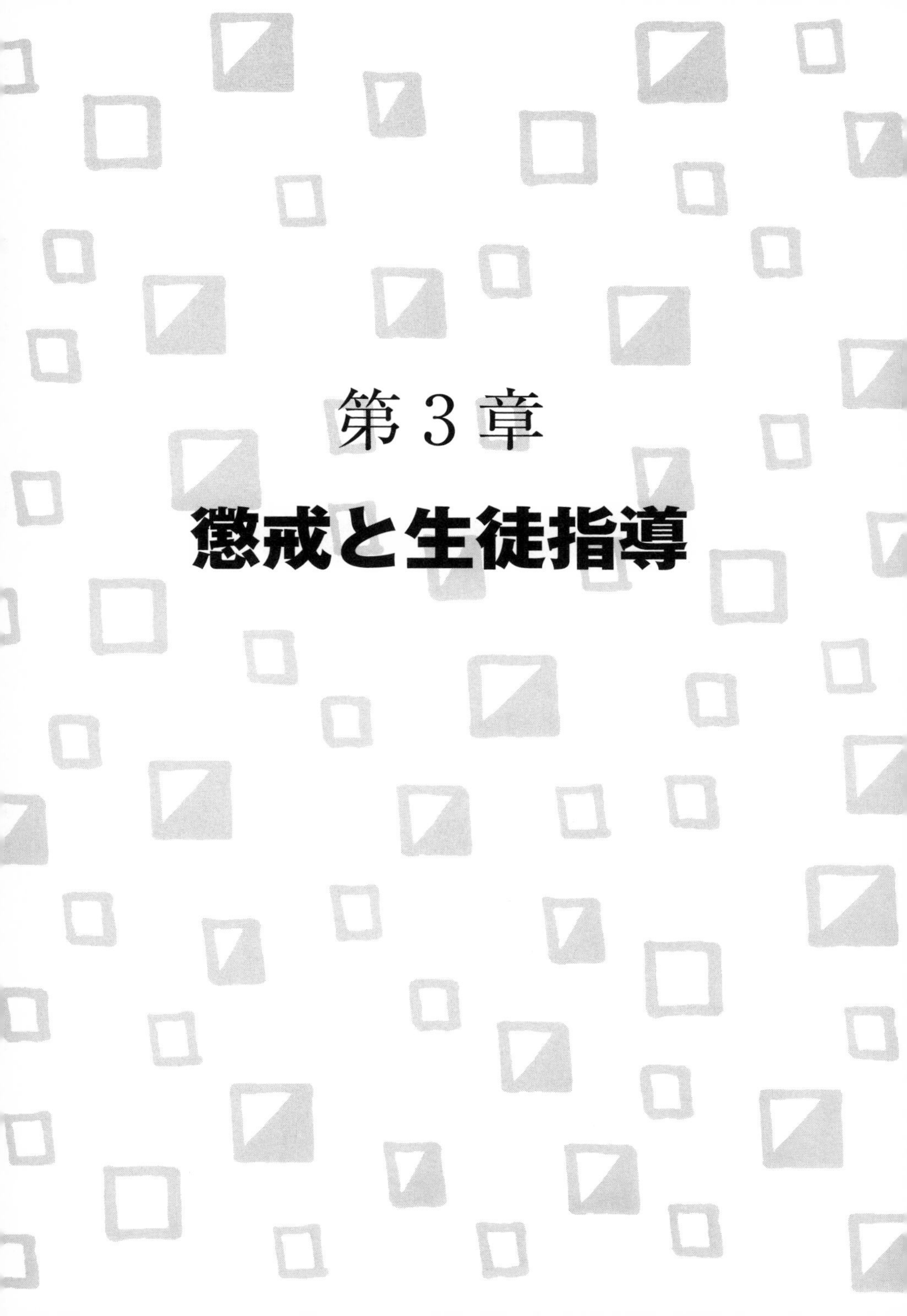

第3章

懲戒と生徒指導

●なぜ生徒指導は「厳しい・怖い・うるさい」のか

大学生たちの生徒指導のイメージには、「厳しい・怖い・うるさい・怒られる」という形容詞が目立ちました。そして「生徒指導を行う先生」のイメージも「厳しい先生」「怒る先生」というもので、その象徴的存在が体育教師といえます。大学生たちにとって生徒指導は、「校則違反や問題行動を起こした生徒が受ける指導＝罰や制裁を受けるもの」というブラックなイメージがあるのです。そんな学生たちが文科省の「生徒指導提要」で説明される「生徒指導とは、生徒の人格を尊重し、個性の伸長を図りながら、社会的資質や行動力を高めるための教育活動」を知った時、そのギャップに驚かされるのです。

◎私の高校には体育科があり、校則も先生も厳しかった。特に服装や頭髪に厳しく、校則違反があれば怒鳴り散らす先生もいて、個性の伸長を図ったり、人格を尊重しているのか少し疑問を抱いた。

◎生徒指導のイメージとしては「怖い」「厳しい」などマイナスなことばかり浮かんでしまいます。本来は「人格を尊重し、個性の伸長を図るもの。すべて生徒のそれぞれの人格の発達を迎える目指すもの」だと知り、これまで自分たちはどんな指導をされてきたのだろうと複雑な心境になりました

◎生徒指導という言葉を聞いて、まず思い浮かべたのは過去に出会った先生たちでした。そのイメージは怖い、厳しい、怒る、叱るといったものばかりです。人格を尊重するという生徒指導は建前で、実際は生徒の人格など気にしていないように感じます。指導という言葉が入っていると、何か悪いことをした場合に注意されるというイメージが強いです。

まさに大学生たちにとって、彼らが体験してきた「リアルな生徒指導」は、文科省が言っている「人格を尊重し、個性を伸長する指導」ではなく、校則を守らない生徒や問題行動を起こした生徒への管理的・抑圧的な指導であり、そのイメージは「厳しい・怖い・うるさい・怒られる」なのです。

「リアルな生徒指導」がこのように受け取られている大きな要因の一つが、校則を守らない生徒への生徒指導が、実質的には懲戒として行なわれていることにあると思われます。

●学校における懲戒（教育的懲戒）とは何か

学校における懲戒（もしくは懲戒処分）とは、児童生徒が問題行動を行った場合に退学・停学・訓告などの処分を加えること、とされています。小中学校は義務教育ですので児童生徒を退学や停学にすることはできませんし、高校においても強制的に生徒を退学や停学にすることはほとんどないので、学校現場でも懲戒という言葉はほとんど使われません。しかし、学校現場で行われている「リアルな生徒指導」を考える上で、この懲戒の問題は非常に重要なことです。

一般的には、懲戒は、その組織体の秩序維持のために、秩序違反者に対して制裁を加えることであり、組織構成員に何らかの不正・不当な行為があった場合、懲戒処分（戒告、減給、停職、降格、諭旨解雇、懲戒解雇など）を加えること、とされています。ここでいう懲戒とは、法令違反の場合に加えられる刑罰や法的処分とは異なり、その組織・集団内における懲らしめのようなものです。

学校における懲戒とは教育的懲戒ともいわれ、校長や教員など、児童生徒を教育・指導しなければならない立場の者が、そのために必要な場合に児童生徒に対して加える一定の制裁のことをいい、学校教育法第11条において以下のように定められています。

校長及び教員は、教育上必要があると認められるときは、文部科学大臣の定めるところにより、児童、生徒および学生に懲戒を加えることができる。ただし、体罰を加えることはできない。

ここで重要なことは、①学校においては児童・生徒・学生に対して懲戒を加えることができることが法的に定められていること、②その懲戒を加えることができるのは、校長と教員であるということ、③その懲戒は、「教育上必要があると認められるとき」だけであること、④体罰は加えること

はできない——の４点です。さらに学校教育法施行規則第26条１、２項には以下のように定められています。

校長及び教員が児童等に懲戒を加えるに当たつては、児童等の心身の発達に応ずる等教育上必要な配慮をしなければならない。

懲戒のうち、退学、停学及び訓告の処分は校長が行う。

ここで学校教育法第11条に定められている校長と教員が児童生徒に加えることができる懲戒は、あくまでも「児童等の心身の発達に応ずる教育上必要な配慮をしなければならない」という条件が加えられています。このことは、第11条の「教育上の必要があると認められるとき」に加えて、一般の懲戒とは異なった教育的懲戒における原則です。

では、いったいどのような児童生徒が、学校における懲戒の対象となるのでしょうか。退学については、学校教育法施行規則第26条３項では公立の小中学校等を除外するとした上で、該当する児童生徒を以下のようにしています。

---

①性行不良で改善の見込みがないと認められる者
②学力劣等で成業の見込みがないと認められる者
③正当な理由がなくて出席常でない者
④学校の秩序を乱し、その他学生又は生徒としての本分に反した者

これは、1901（明治34）年の「中学校令施行規則第51条」に記載されている懲戒の条項をほぼそのまま引き継いだものとされています（ただし④は1949年に追加された）。ここには、学校（教師）が想定している「生徒らしい生徒」という規範・基準が示されていると思います。すなわち、①性行優良である者、②学業優秀である者、③出席が常である者、④学校の秩序を乱さず、生徒としての本分をわきまえている者が、「生徒らしい生徒」であるということです。

そして、このような「生徒らしい生徒」としての一定の行動様式を身に付けさせるのが学校という場所であり、このような規範・基準から逸脱し

た生徒に対して懲戒が課せられ、場合によっては退学処分という形で排除されるのです。このような、「生徒らしい生徒」という規範・基準から逸脱した生徒、あるいは逸脱しそうな生徒に対しての懲戒を、学校現場では生徒指導と呼んでいるのです。

学校現場で生徒指導として行なわれている以下の指導は、そのほとんどが「生徒らしい生徒」という規範・基準から逸脱した生徒・逸脱しそうな生徒に対する指導であるように思われます。

（１）非行・問題行動への指導――前記①性行不良者・なりそうな者への指導（懲戒）
（２）赤点・私語・いねむりへの指導――同②学力劣等な者・なりそうな者への指導（懲戒）
（３）遅刻・怠学への指導――同③出席が常でない者・なりそうな者への指導（懲戒）
（４）服装・頭髪・校則の指導――同④学校の秩序を乱した者・なりそうな者への指導（懲戒）

このように生徒指導とは、「生徒らしい生徒」としての「一定の行動様式」を身につけさせ、その規範・基準を逸脱した（しそうな）生徒に対して懲戒を加えることによって「生徒らしい生徒」にしていこうとする指導であるといえるでしょう。

●「事実行為としての懲戒」とは何か

懲戒とは、基本的には「非違行為をなした者への懲らしめ、制裁、罰」であるところから、学校現場ではこれを、非行・問題行動を起こした生徒への停学や退学というような「法的処分としての懲戒」としてのみ認識している教師は多いのではないでしょうか。

しかし、学校教育法第 11 条とその施行規則第 26 条をよく読むと、学校における懲戒は校長と教員が加えることができるとされていることに加え、「懲戒のうち退学、停学、訓告処分は校長が行う」とも定められています。ここで重要なのは、「懲戒のうち」という表現です。つまり退学、停学、訓告は懲戒全体の一部であって、この三つだけは校長しか行えないが、それ以外の懲戒は教員が行うことができると読むことができるのです（ただし体罰はできません）。

このことから、学校における懲戒には２種類の懲戒があると言われています。一つは「法的処分としての懲戒」と言われるもので、校長のみが加えることができる退学、停学、訓告のことです。そして、もう一つは「事実行為としての懲戒」と言われるもので、校長以外の教員が児童生徒に行う注意、叱責、命令のような懲戒であるとされています。

しかし、学校教育法も同施行規則も「法的処分についての懲戒」についての記述はありますが、「事実行為としての懲戒」については、具体的にどのような行為が対象となるのか、それに対応してどのような懲戒的行為がなされるべきなのかについての記述は一切ありません。

文科省が作成した「生徒指導提要」(2010 年）には、「学校における懲戒とは、児童生徒の教育上必要があると認められるときに、児童生徒を叱責したり、処罰することです。また、学校の秩序の維持のために行われる場合もあります。懲戒は、制裁としての性質を持ちますが、学校における教育目的を達成するために行われるものであり、教育的配慮の下でおこなわれるべきものです」とされています。

さらに「児童生徒を叱責したり、起立や居残りを命じたり、宿題や清掃を課すことや訓告を行うことなどについては、懲戒として一定の効果を期待できますが、これらは児童生徒の教育を受ける地位や権利に変動をもたらすような法的な効果を伴わないので、事実行為としての懲戒と呼ばれています」と明記されています。

文科省が 2013 年に出した「体罰の禁止及び児童生徒理解に基づく指導の徹底について（通知)」の中では、「児童生徒に肉体的苦痛を与えるものでない限り、通常、懲戒権の範囲内と判断されると考えられる行為として、注意、叱責、居残り、別室指導、起立、宿題、清掃、学校当番の割当て、文書指導などがある」としています。この文書から学校の中で教師が「事実行為としての懲戒」として行っている行為は以下のようなことが考えられます。

▽注意（やってはいけない行為を止めさせる・指摘する）
▽叱責（叱る・怒る・怒鳴る）
▽居残り（放課後に）
▽別室指導
▽立たせる（教室内・廊下・体育館）
▽宿題を課す（罰として）
▽清掃（罰として）
▽学校当番の割り当て（罰当番・作業）
▽文書指導（反省文を書かせる）
▽正座させる
▽没収する（スマホ、ゲーム機など）
▽ペナルティを課す（減点する、グランド周回、給食抜き）

これらの教師の行為が「事実行為としての懲戒」であるとして、それが児童生徒のどのような行為に対して行われるべきなのか、どの程度の措置を取るべきなのかについては文科省の出した通知では確認できませんでした。文科省が示した「事実行為としての懲戒」の例などから、逆にその対象となる児童生徒の行為（非違行為）を類推すると以下のようになるのではないかと考えます。

---

①授業中の私語、居眠り、立ち歩きなど
②理由のない遅刻、早退（中抜け）、欠席
③教師の指示・指導に従わない
④教師への反発、反抗的態度
⑤学校の規律、ルール、校則を守らない
⑥課題・宿題をやってこない
⑦割り当てられた仕事（清掃など）をやらない

このような児童生徒の行為に対する教師の「事実行為としての懲戒」（注意、叱責、居残り、別室指導、起立、宿題、清掃、学校当番の割当て、文

書指導など）は、おそらくほとんどの教師が、日常的に児童生徒に対して行っていることではないでしょうか。
そして、このような行為は、教師にとっても児童生徒にとっても「事実行為としての懲戒」としてではなく、むしろ日常的な生徒指導として認識されているのではないでしょうか。
大学生たちが生徒指導として認識していた「校則を守らない生徒への指導」「問題行動をした生徒への指導」は、生徒指導というよりはむしろ学校における懲戒、とりわけ「事実行為としての懲戒」であるように考えられます。
そして、教師たちが「生徒指導が大変な学校（学級）」というのは、さきほど示した①～⑦のような児童生徒の行為が多い学校（学級）ではないでしょうか。そして、教師たちが「生徒指導の力がある教師」というのは、①～⑦のような行為をさせない、あるいはそのような行為に対してきちんと指導できる教師であると思います。
すなわち、学校における懲戒、とりわけ「事実行為としての懲戒」は、児童生徒にとっても教師にとっても、ほとんどの場合、生徒指導として認識されているものであり、これこそが学校における「リアルな生徒指導」であるのではないでしょうか。

●教育的懲戒の懲戒的側面と指導的側面

学校における懲戒は教育的懲戒とも呼ばれ、一般の懲戒のように「不正・不当な行為に対して、戒めの制裁を加えること」だけでなく、学校教育法と施行規則に定められているように「教育上必要があると認めるときにおこなうもの」ということ、「児童等の心身の発達に応ずる教育上の必要を配慮しなければならない」という教育的な原則があるとされています。従って学校における懲戒には、「懲戒としての側面」と「指導としての側面」があるとされています。
教育法研究者の坂本秀夫氏は著書の『生徒懲戒の研究』（学陽書房、1982年）で、「懲戒を形式の上から見れば必ず生活指導的要素と強制的要素があり（中略）ここでいう生活指導とは、生徒の全体的な人間形成のための指導助言であって、生徒の同意を必要とするようなものである」「懲戒は形式の上から見ても助言指導につきるものではなく、必ず強制がともなう」と指摘しています。ここでの「生活指導的要素」が「指導としての側面」であり、「強制的要素」が「懲戒としての側面」だと言えるでしょう。

つまり、学校のおける懲戒には、「懲らしめ・制裁・罰」（不利益処分）という児童生徒の権利を一定制限するような側面と、児童生徒に対して「助言・説諭・説得」をしていく教育的な側面があるのです。

法的処分としての懲戒における退学、停学、訓告は、学校長が生徒に対して行うものです。退学は生徒の学習の権利を剥奪し、停学は生徒の学習の権利を一定期間停止するものです。事実行為としての懲戒においても注意、叱責、別室指導などで児童生徒の行動に制限をかけることから、学習の権利を一定制限する懲戒的な側面を持っているといえます。

一方で、学校における懲戒は、児童生徒の「心身の発達に応ずる教育上の必要」に応じて行われるものであり、その目的はあくまで児童生徒の人間的な成長を目指すものでなければならず、そのための教育的な側面も持っています。そのような教育的な指導は、基本的には強制力を伴わない指導・助言活動であり、児童生徒の主体性の尊重が前提であって、その同意がないと成立しないとされています。

このように学校における懲戒には、懲戒的な側面と教育的な側面がありますが、その両面の関連と区別については、必ずしも明瞭なものとはなっていません。とくに、「事実行為としての懲戒」（教師による注意・命令・叱責など）は、必ずしも全てが児童生徒に対する強制的な権利停止とはならない部分もあり、言葉の意味どおりの懲戒とは言えないところもあります。

事実行為としての懲戒においては、児童生徒のどのような行為が対象となるのか、どこまでが「非強制的な指導」にあたるのか、どこからが「強制的な懲戒」となるのかは明瞭ではありません。もう少し具体的に言うと、教師の注意、叱責、授業を受けさせないなどの「事実行為としての懲戒」は、児童生徒への「教育的な指導」なのか、児童生徒への強制的な「権利制限」となるのか、その判断の基準や範囲ははっきりしていないグレーゾーンなのです。

一番大きな問題は、学校現場ではほとんどの教師がこの「事実行為としての懲戒」（注意・命令、叱責）を、懲戒ではなく指導だと思っていることです。

教師が「事実行為としての懲戒」を懲戒として強制的に行うのであれば、生徒はそれを拒否することはできません。しかし、教師がそれを教育的な指導として行うのであれば、生徒はそれに同意せず拒否することができることになります。

実際には、ほとんどの教師は「事実行為としての懲戒」を、それが懲戒だとして自覚することなく、単に生徒指導もしくは教育的な指導として行っているのです。にもかかわらず、ほとんどの教師は、このような生徒指導もしくは教育的な指導に対して、児童生徒は必ずこれに従わなければならない強制力があるものとして（実質的な懲戒として）行っているのではないでしょうか。

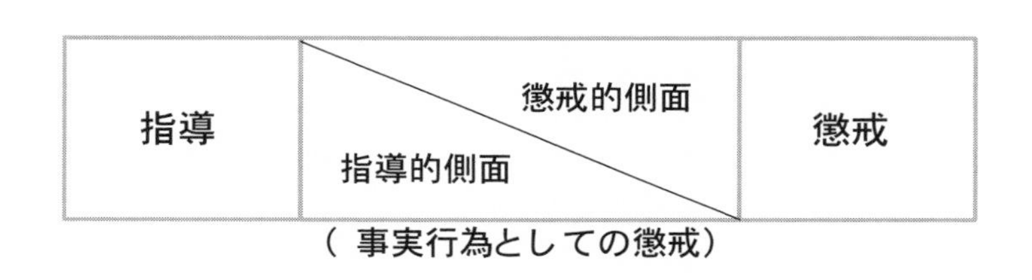

●懲戒の前提となる「適正手続きの原則」

教師が「事実行為としての懲戒（注意、叱責、命令等）」を、たとえ教師自身がそれを懲戒として自覚することなく、生徒指導もしくは教育的な指導として行ったとしても、実質的にそれは教師の「懲戒権の行使」にあたります。

その場合、当然ですが学校における懲戒は、学校教育法第 11 条に定められている「教育上の必要があると認められるとき」にしか行えないこと、さらに同施行規則第 26 条の「児童等の心身の発達に応ずる教育上の必要を配慮しなければならない」という原則を守らなければなりません。しかし、現実に学校現場で「事実行為としての懲戒」を行っている教師たちの中で、この原則についてきちんと認識している者は少ないと思います。

学校における懲戒は、法的処分としての懲戒であっても、事実行為としての懲戒であっても、いずれも懲戒としての性格を持っているために児童生徒の権利を一定制限することになります。このような権利の制限を強制する「懲戒権の行使」については、以下のような「適正手続きの原則」が保障されなければなりません。

---

①予め禁止事項を告知（周知）しておくこと（それが合理的で正当なものであることを）
②行為の事実を本人に確認し、理由を尋ねる（説明させる）こと
③個人の事情を聴取するとともに、処分（処罰）の理由を説明すること
④行為と処分（処罰）との程度と均衡がとれていること（公平・平等であること）

「法的処分としての懲戒（退学、停学、訓告）」については、校長のみが行えることになっており、その判断や決定については基本的に職員会議で検討・審議・決定されるため、このような「適正手続きの原則」はある程度担保されると思われます。

しかしながら「事実行為としての懲戒」については、ほとんどの場合、教師はそれを懲戒として自覚することはなく、たとえ児童生徒の権利を一定制限することがあったとしても、その「適正手続きの原則」についてもほとんど考慮されることはありません。どのような行為が児童生徒の問題行為となるのか、どの程度の懲戒を加えるのかという基準は、最終的にはそれぞれの教師の恣意的な裁量と判断に任されてしまっています。

●グレーゾーンの「事実行為としての懲戒」

このような「事実行為としての懲戒」における懲戒の基準は明確に定められているわけでなく、きわめてグレーであり、学校には「厳しい学校」と「厳しくない学校」との差異があり、教師にも「厳しい先生」と「甘い先生」という違いがあり、同じ教師でも「機嫌が悪いとき」と「機嫌の良いとき」では判断の基準に差があったりすることに、生徒たちは気付いて

います。このような「リアルな生徒指導」の中で、彼らは彼らなりにそのような指導（懲戒）を受けないように“抜け道”を見つけながら学校生活を送っているのです。

教師たちにとっても、このようなグレーゾーンとしての「事実行為としての懲戒」の領域は、非常にブラックなものになるリスクの高いところです。懲戒のレベルを厳しくすれば、生徒たちから「怖い先生」と嫌われ避けられる可能性があります。逆にレベルを緩くすれば、「甘い先生」として生徒たちから軽んじられてしまい、生徒たちが言うことをきかなくなる恐れもあります。

児童生徒が教師の指導に素直に従っているうちは問題ないのですが、授業中におしゃべりをする、立ち歩くなど教師の指導に従わなくなってきた場合、教師も単なる注意から一歩進めて、「怒鳴る、叱責する」など、児童生徒に対して精神的な圧迫を加える懲戒のレベルに入っていかざるを得なくなります。

このような「指導（という名の懲戒）」は、時に児童生徒の人格を傷つけたり、否定したりする可能性があります。さらに、懲戒のレベルが上がると、言葉だけでなく「有形力の行使」を伴う場合も出てきます。そして、そのような懲戒の先に体罰が振るわれる可能性があることは言うまでもありません。

懲戒のレベルに入るということは、児童生徒の権利を一定制限することになり、それは常に児童生徒の権利を侵害する可能性を含んでいるということです。だからこそ、「懲戒権の行使」については「適正手続きの原則」が求められるのです。

しかし、学校の中で教師が行っている「リアルな生徒指導」のほとんどが、実際には「事実行為としての懲戒」であるにもかかわらず、教師自身が、それを懲戒であることを自覚することがないために、「適正手続きの原則」が保障されることはありません。結局はそれぞれの教師の恣意的な裁量と判断に任されることで、生徒たちにとって「理不尽で不合理な指導」さらには「行き過ぎた指導」という、まさにブラックな生徒指導になってしまうのではないでしょうか。

●あいまいな教育的指導と懲戒の境界線

児童生徒の言動に対して、どこまでが「教育的な指導」で、どこからが「強制的な懲戒」となるのかという教師の「指導の限界」のラインは必ずしも明確ではありません。学校教育法および教育関連法規には、その具体的な基準については明記されておらず、結局は、それは学校長と教師の判断に任されているのです。

さらに、この「強制的な懲戒」においても、学校教育法第11条に「ただし、体罰を加えることはできない」とあるように「懲戒の限界」があるのです。この「懲戒の限界」についても学校教育法および教育関連法規には、その具体的な基準については明記されていません。

このことについて1948(昭和23)年に法務庁(当時)長官の見解として「児童懲戒権の限界について」という文書が出されています。この文書は、「許されない懲戒」としての体罰を、「身体に対する侵害」「肉体的苦痛を与えるもの」であると定義したものとして有名ですが、具体的にどの程度なら体罰に該当するのかという基準については「機械的に制定することはできない」とした上で、「当該児童の年齢・健康・場所的および時間的環境等、種々の条件を考え合わせて」判定しなければならないとしています。

つまり、ケースバイケースでそれぞれの学校の校長と教師で判断しなさいということなのですが、この文書では、「合理的な限度をこえない範囲内の行為ならば、正当な懲戒権の行使」として「許される」という「懲戒の限界」を示しているのです。

しかし、この「合理的な限度」とは具体的にどの程度を意味するのかというと、「あらかじめ一般的な標準を立てることが困難である」として、やはりこれもケースバイケースであるとして、「通常の理性をそなえた者が当該の行為をもって懲戒権の合理的な行使と判断する」しかないとしているのです。

結局は、児童生徒の言動に対して、どこまでが「教育的な指導」で、どこからが「強制的な懲戒」となるのか、そしてどこまでが「許される懲戒」で、どこからが「許されない懲戒」なのかを判断する基準については、「通常の理性をそなえた者」が「合理的に判断」するしかないとされているのです。しかし、すべての教師が「通常の理性をそなえた者」で、常に「合理的に判断」すると考えるのは、少し楽天的過ぎるのではないでしょうか。

●「事実行為としての懲戒」は生徒指導なのか

文部省が、生徒指導についてその意義や目的、方法などについての見解を初めて文書にして刊行したのが「生徒指導の手びき」(1965年)でした。しかし、この文書の本文には懲戒についての記述はわずかで、問題行動を起こした生徒に対する処置の一つとして「懲戒(中学校、高等学校における訓告、高等学校における停学、退学などの処分)」があることが記されているだけです。

ただ、その後に「この際、どこまでも教育的な見地に立って処理するということが大切である。学校の体面にこだわったり、他の生徒への悪い影響を過大視したりして、性急に隔離的ないし追放的な処置をとるというようなことは、教育者として、極めて消極的かつ自己防衛的に過ぎる態度であり、厳に戒める必要がある」として、懲戒権の行使について慎重な態度を学校に求めています。

本文中の懲戒についての記述はたったこれだけで、体罰や校則についての記述は全くありませんでした。ところが、不思議なことに本文ではなく、この「手びき」の一番最後に「附録」として、「児童懲戒権の限界について」(1948年、法務庁長官見解)のほぼ全文が記載されているのです。ちなみに、1981年の改訂版である「生徒指導の手引き」には、この附録は削除されています。

「生徒指導の手びき」が発行された翌年、文部省は生徒指導資料第2集として「生徒指導の実践上の諸問題とその解明」(1966年)を発行しています。生徒指導についてより実践的・具体的な問題について、その解明を図るものとして発行されたこの文書の本文の中に、懲戒についての実践的・具体的な記述がありました。

ここでも、懲戒は問題行動を起こした生徒に対しての処置の一つとして上げられていますが、「これらの懲戒―特に停学や退学の処分―を行なうことには、慎重でなければならない」とされています。さらに懲戒を行う場合の正しいあり方として以下が上げられています。

（1）形式的、機械的な処置であってはならない
（2）感情的、報復的な処罰であってはならない
（3）不公平、不当な処罰であってはならない
（4）安易、無責任な処罰であってはならない

この四つの「懲戒の正しいあり方」は、現代においても通用する非常に的確な見解であると思います。

逆に言うと、当時から学校における教師の「懲戒権の行使」については、ここに上げられているような「形式的、機械的、感情的、報復的、不公平、不当、安易、無責任」というブラックな懲戒が日常的に行なわれていたということかもしれません。ちなみに文科省が発行した「生徒指導提要」(2010年）においては、本文中に「懲戒と体罰」についての記述はありますが、このような「懲戒の正しいあり方」についての記述は残念ながら見当たりませんでした。

学校における懲戒とりわけ「事実行為としての懲戒」は、ほとんど全ての学校の全ての教師が、日常的に児童生徒に対して注意したり、叱責したり、反省文や罰当番や課題を命ずる形で行なわれています。しかし、このような「事実行為としての懲戒」は、ほとんどの教師が、それを懲戒であることを認識しないまま、生徒指導あるいは教育的な指導として行なわれているのです。

このような学校における懲戒とりわけ「事実行為としての懲戒」は、果たして生徒指導と言えるのでしょうか。文科省が定義している生徒指導は、「人格を尊重し、個性の伸長をはかり、社会的資質や行動力を高めるもの」であり、児童生徒の人間的な成長発達を促す教育活動です。

しかし、学校における「事実行為としての懲戒」は、生徒指導の一つの方法として行われながら、実際には強制的な制裁措置によって児童生徒の人権を制限したり、場合によってはそれが「行き過ぎて」体罰や暴言によって身体的・精神的な苦痛を児童生徒に与えてしまうことがあるのです。

生徒指導がブラックなものになってしまう最大の原因は、学校における懲戒が、「教育上の必要」や「適正手続きの原則」への配慮がないまま、

生徒指導や教育的な指導という名のもとで行なわれていることにあるのではないでしょうか。

私たちは、懲戒とは本来どのような行為なのか、そして生徒指導や教育的な指導とは本来どのような行為なのかを、その本質的な意義や役割からもう一度しっかりと考え直していく必要があるように思います。

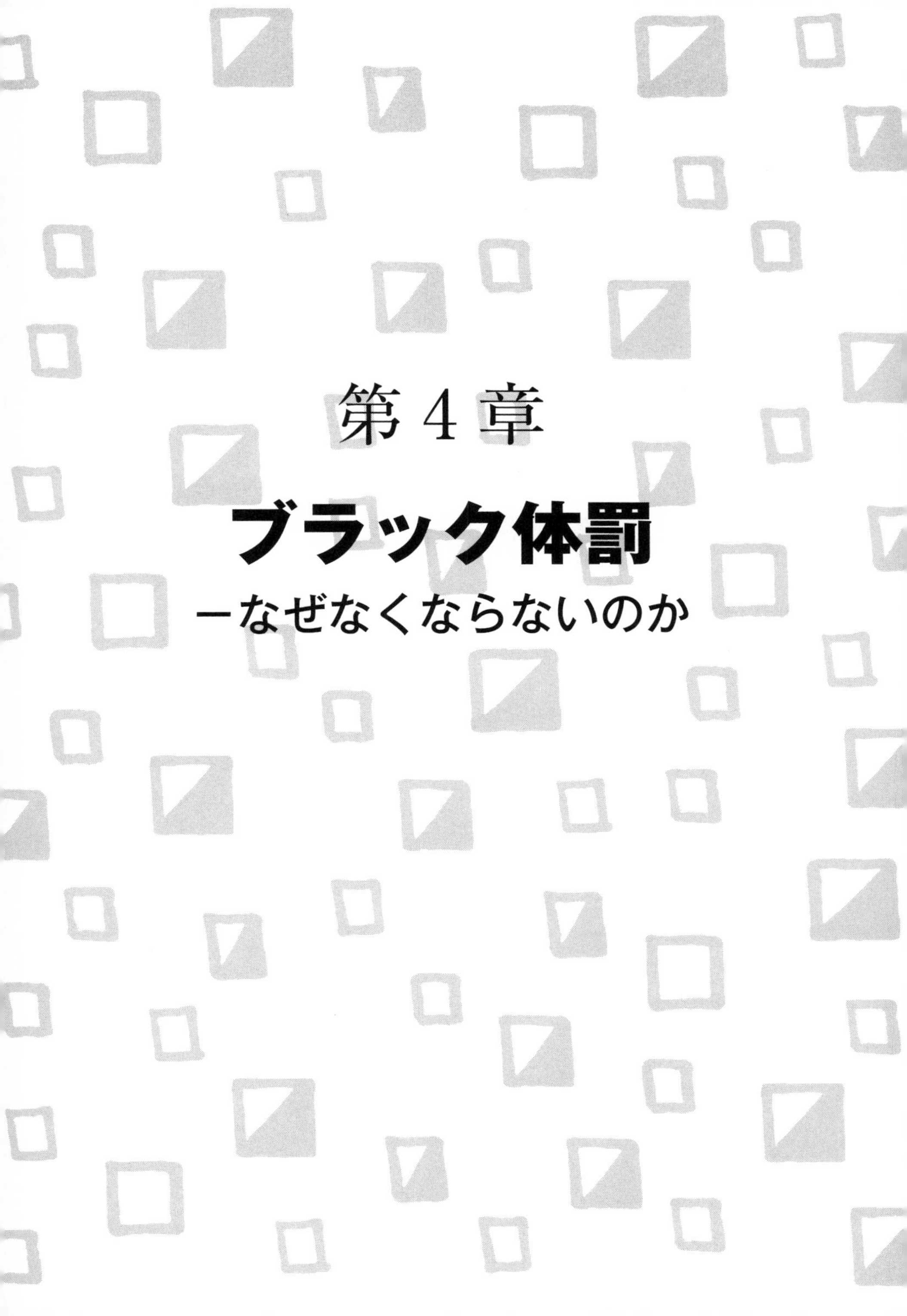

第４章

ブラック体罰

―なぜなくならないのか

●体罰は法律で禁止されている

2012年12月に「大阪市立桜宮高校体罰死事件」が起き、体罰が社会的に大きな問題となりました。この事件は同校バスケット部キャプテンの男子生徒が部顧問の男性教諭から日常的に暴力をふるわれたことを苦に自殺に追い込まれたもので、当時メディアにもかなり大きく取り上げられました。これは1980年代に校内暴力が頻発し管理主義が広がった中で、校則による取締りと体罰の横行が話題になった時以来のことだと思います。

文科省もこの事態を重く見て、翌年体罰に関する大規模な調査を行うとともに、学校に対して「体罰の禁止及び児童生徒理解に基づく指導の徹底について」(2013年3月13日文科省通知)を出して、教師の体罰に対しての厳しい姿勢を見せました。これによって2012年度と2013年度の教師の体罰による「懲戒処分」の件数は最高レベルに達しました。これはこの2年間に体罰が数多く行われたわけではなく、それまでも学校現場で行われていただろう体罰が、文科省の指令によって教育委員会や学校がきちんと調査をして体罰件数を報告したからだと思います。

◇全国の学校での体罰の発生状況◇
(2012～18年度、文科省まとめ)

年度	発生学校数	発生数(件)	被害児童生徒数(人)
2012※	4152	6721	14208
2013	3031	4175	9256
2014	1007	1126	1990
2015	823	890	1699
2016	748	838	1401
2017	699	773	1347
2018	697	767	1474

(※12年度は第2次報告)

学校における体罰の発生件数は、学校におけるいじめの発生件数と同じように、実際に発覚し報告されるのはその一部であって、しっかりと調査をすれば多くなり、しっかりと調査をしなければ少なくなるのです。そもそも、学校における体罰は、ほとんどが教室や体育館などの、いわば「密室状態」の場所で、第三者の目があまり届かないところで発生することが多く、加害教師がそれを自己申告することや、被害者である児童生徒そして周りにいた児童生徒がそれを第三者に通報することはあまりありません。そういった意味で、学校における体罰は、非常にブラックなものです。

学校における体罰は、法律によって明確に禁止されている違法行為です。そういった意味でも体罰はブラックなものです。学校における教師による児童生徒への体罰は、学校教育法11条によって禁止されています。さらに刑法の暴力罪もしくは傷害罪として罰せられることがあります。

校長及び教員は、教育上必要があると認められるときは、文部科学大臣の定めるところにより、児童、生徒及び学生に懲戒を加えることができる。ただし、体罰を加えることはできない。

（学校教育法第11条）

この学校教育法の条文は、学校において校長と教員が懲戒を加えることが「できる」ことについて定めた条文ですが､体罰については「できない」ことが明記されています。

このような法律上の体罰の禁止規定は、1879（明治12）年の「教育令」第46条の「凡学校ニ於テハ生徒ニ体罰（殴チ或ハ縛スルノ類）ヲ加フ可カラス」に始まるもので、以来140年間、一貫して体罰は法的に禁じられているのです。

学制が始まったのが1872（明治5）年ですので、日本で学校というものが始まって以来、学校内での体罰が横行していて、それを国家の側はかなり早い段階から法的に禁止しなければならないことを認識していたのでしょう。

しかし、このように明治時代から体罰は法律で明確に禁止されているにもかかわらず、わが国では教師による体罰は行われて続けてきたのではないでしょうか。特に、戦前・戦中の軍国主義下における学校では、教師による体罰は日常化していたといわれます。戦後の日本国憲法、教育基本法下の学校においては、何度も体罰に関する通知・通達が出されましたが、いまだに体罰によって懲戒処分を受ける教員は後を絶ちません。
教師による体罰事件が、時にマスコミよって大きく報道され、社会的にも問題視されますが、そのことで一時的には体罰が学校現場から減ることはあっても、体罰が完全になくなることはありません。なぜ学校から体罰がなくならないのでしょうか？

●どのような行為が体罰になるのか？

前述したように学校教育法第11条は、校長及び教員は児童生徒に懲戒を加えることが「できる」という、学校における懲戒について定めた条文であり、体罰を加えることは「できない」ことが追記されています。このことから、体罰は学校における懲戒のカテゴリーの中に含まれると言えます。ただし、それは児童生徒に加えることが「できない懲戒」ということなのです。つまり教師による体罰は、学校における懲戒の延長上に起きる可能性があるということです。
教師が体罰を行ったことが発覚すると、よく、「指導に熱心なあまり（体罰を）やってしまった」とか、生徒に対する「指導が行き過ぎた結果（体罰が）起きてしまった」と言われます。つまり、生徒に対して何らかの教育上必要な指導をしていたのだが、その指導が体罰になるほどまでに「行き過ぎた」ということになるのでしょう。
もう少し正確に表現すると、教師が生徒に対して教育上必要な指導をしていたが、児童生徒がその指導に従わない、あるいは「やってはいけない行為（非違行為）」を行ったので懲戒を加えた。それでも、児童生徒が教師の「言うことをきかない」あるいは「非違行為をやめない」ので、（やってはいけない）懲戒としての体罰を加えてしまった、ということになるのではないでしょうか。つまり、教師の指導の延長上に懲戒があり、さらにその懲戒の延長上に体罰が起きてしまうのだと言えます。
ここで大きな問題は、どこまでが指導であり、どこからが懲戒になり、そして、どこからが法律で禁止されている体罰となるのかということです。
これについては、法令上、明確な規定はどこにもありませんが、前章で紹介した1948年に法務庁長官が出した「児童懲戒権の限界について」という見解が、体罰の現行解釈の基準となっていると言われています。

---

(1) 学校教育法第11条にいう体罰とは、懲戒の内容が身体的性質のものである場合を意味する。
　①身体に対する侵害を内容とする懲戒――殴る・蹴るの類
　②被罰者に肉体的苦痛を与えるような懲戒――端座、直立等特定の姿勢を長時間保持させるような懲戒
(2) しかし、体罰に該当するかどうかは、機械的に判定することは出来ない。当該児童の年齢、健康、場所的および時間的環境等、種々の条件を考え合わせて肉体的苦痛の有無を判定しなければならない。

この法務庁長官の「見解」によって、法律で禁じられている教師の体罰とは、児童生徒に対する懲戒のうち「身体に対する侵害」であり、「肉体的苦痛を与える」ものというラインが明確に出されました。

しかし、体罰であるかどうかの判定は、機械的にではなく、様々な条件を考え合わせなければならないとしているところから、学校現場からの問い合わせが相次いだそうです。翌年、法務府（法務庁から改称）は「生徒に対する体罰禁止に関する教師の心得」を発表し、より具体的なラインを示しました。

---

①トイレに行かせなかったり、食事時間を過ぎても教室に留め置くことは肉体的苦痛を伴うので体罰となる。
②遅刻した生徒を教室に入れず、授業を受けさせないことは義務教育では許されない。
③授業中怠けたり騒いだからといって生徒を教室外に出すことはダメ。教室内に立たせることは懲戒として認められる。
④人の物を盗んだり、壊した場合、こらしめる意味で放課後残しても差し支えない。
⑤盗みの場合など、生徒や証人を放課後訊問することはよいが、自白や供述を強制してはならない。
⑥遅刻や盗みによって掃除当番などの回数を多くするのは差し支えな

い。
⑦遅刻防止のための合同登校はかまわないが、軍事教練的色彩を帯びないように注意すること。

ここでは、教師の体罰は直接的に生徒の身体を侵害し肉体的苦痛を与えるものだけでなく、具体的な命令により強制的な行動を課すことによって間接的に肉体的な苦痛を与えるものも含まれることが示されています。このような体罰についての法務府の見解は、学校で教師が行う懲戒と法律で禁じられている体罰との境界線を一定示すものでした。

●体罰に対する法的な責任

このように学校教育法第11条に「体罰を加えることができない」と定められていることによって、教師が体罰を行った場合には、教師の非違行為あるいは犯罪として、各種の法的責任を問われることになります。

その第一は「行政責任」であり、公務員法上の職務義務違反として処分されます。法令等の遵守義務違反（地方公務員法第31条)、信用失墜行為の禁止（同32条）などにより懲戒処分（免職、停職、減給、戒告）を受けることになります。

その第二は「刑事責任」であり、暴行罪や傷害罪として刑法208条、204条に基づく刑事上の責任を問われることがあります。

第三は、「民事責任」であり、体罰による傷害の治療費や後遺症について民法709条に基づく損害賠償請求や、精神的な損害としての慰謝料を請求される場合があります。

過去に学校において発生した体罰によって懲戒処分されたケースを見てみると、体罰が行なわれているのは中学校と高校が多いようです。小学校では、授業中や休み時間に教室内で行なわれることが多いのですが、中学・高校では、部活動中に体育館や運動場で行なわれることが多いようです。さらに、体罰は第三者が介入しにくい場所で行われることが多いと言われています。

具体的な体罰の内容を文科省の「体罰の実態把握について」(2018年度)でみると、①素手で殴る47.2%、②蹴る・踏みつける10.3%、③投げる・

突き飛ばす8.6%、④棒などで殴る5.5%、⑤物を投げる4.4%——となっています。さらに、体罰を受けた児童生徒の16%強には、打撲や外傷、骨折、捻挫、鼓膜破裂——などが生じています。

これは、あくまで体罰が発覚して懲戒処分された事例のデータであり、圧倒的な数の「見えない体罰」が存在しているのではないかと思います。2012年に起きた大阪市立若宮高校体罰死事件によって、その年と翌年は文科省の体罰実態調査が厳しくなり体罰による教員の懲戒処分者数は激増しましたが、その後は急激に減りつつあります。

毎年、大学の授業でも学生たちに体罰についてのアンケートを実施していますが、ここ数年は小・中・高校時代に体罰を受けたと答える学生の数は、かなり少なくなっています。それでも毎年、一定数の教員が体罰をしたとして懲戒処分されています。学校から体罰が全くなくなることはないのでしょうか。

●懲戒行為であっても体罰は「許されない」

校長と教員は教育上必要がある場合は懲戒を加えることができるとされています。しかし、懲戒の延長線上にある体罰はなぜ許されないのでしょうか。

それについて、戦後もっとも明確な司法判断であるとされるのが1955年の大阪高裁控訴審判決です。

この裁判では、奈良県内の中学校教師２人が生徒の頭部を殴打したとして暴行罪で起訴されました。被告側は「学校教育上の必要に基づいて生徒に対しておこなった懲戒行為であるから刑法を適用すべきではない」と主張しましたが、一審では暴行罪が認定され有罪とされました。被告側は控訴しましたが、大阪高裁は「教員の生徒に対する殴打は、たとえ懲戒行為として行った場合でも、それゆえ、暴行罪の成立を阻却するものではない」として棄却しました。

その判決文では、学校教育法第11条で「体罰を加えることができない」と規定していることについて、「これを、基本的人権尊重を基調とし暴力を否定する日本国憲法の趣旨に則り刑法暴行罪の規定を特に改めて刑を加重する共にこれを非親告罪として被害者の私的処分に任さないものとしたことなどに鑑みるときは、殴打のような暴力行為は、たとえ教育上必要があるとする懲戒行為としてでも、その理由によって犯罪の成立上違法性を阻却せしめるというような法意であるとは、とうてい解されない」と判示しました。被告側は最高裁まで上告しましたが棄却されました。

この裁判は、体罰はたとえその動機が教育上の効果を目的とするものであっても、それが身体的な侵害をもって肉体的な苦痛を与える暴力である限り、「基本的人権尊重を基調とし暴力を否定する日本国憲法」の下では「絶対に許されない」ことを明確に判断したものとして、戦後の体罰についての司法判断のリーディングケースとされました。

さらに、体罰が懲戒として行われたとしても許されない理由として、懲戒処分における「比例原則・利益の較量」があります。

学校における懲戒には、「教育的・指導的な側面」と「懲戒的・強制的な側面」がありますが、この「懲戒的・強制的な側面」には児童生徒の権利を一定制限する、あるいは侵害する側面があります。従って、学校における懲戒においては、その懲戒によって達成すべき教育的目的や効果と、懲戒によって強制的に児童生徒の権利を制限する、あるいは侵害する程度との間にバランスを保つ「比例原則」を意識する必要があるとされています。つまり懲戒によって得られる利益（教育的効果）と、懲戒によって失われる利益（児童生徒の権利制限・侵害）」とを比べて、失われる利益よりも得られる利益が大きい場合においてのみ、その懲戒が認められるということなのです。

福岡県立高校の男子生徒が担任教師による体罰の翌日に自殺した事件の民事訴訟での福岡地裁飯塚支部判決（1970 年 8 月 12 日）では、自殺との因果関係は認めませんでしたが懲戒行為の慰謝料は認定しました。その判決文では「懲戒権の行使は往往にして生徒の権利侵害を伴うことも少なくないから、懲戒を加えるに際してはこれにより予期しうるべき教育的効果と生徒の蒙るべき右権利侵害の程度とを常に較量し、いやしくも教師の懲戒権によって来る趣旨に違背し、教育上必要とされる限界を逸脱して懲戒行為としての正当性の範囲を超えることのないよう十分留意すべき」であって、「それによる教育的効果を期待しうる限りにおいて懲戒権を行使すべきで、体罰ないし報復的行為等に亘ることのないよう十分配慮されなければならないことはいうまでもない」という判断が下されています。

つまり、体罰は学校における「懲戒的行為」の一つではあるが、その行為による生徒の権利制限・侵害で失われる利益は大きく、それがどんな教育的に正当な動機や目的をもって行われても、どんな教育的効果があったとしても、「教育上必要とされる限界を逸脱して懲戒行為としての正当性の範囲を超える」ものであるから「許されない」ということなのです。

しかし、このロジックは逆に「教育上必要であると判断され、教育的効果が高い」ことが期待される場合は、ある程度の児童生徒の権利制限や権利侵害は認められうるとの理由付けを可能にするものでした。

●体罰容認論を勢いづかせた「水戸五中事件高裁判決」

このように学校において児童生徒に対して「身体に対して侵害」し、「肉体的な苦痛を与える」ような教師の体罰は「許されない」という、法律と法務省の見解と裁判所の判決があります。にもかかわらず、戦後になっても、教師の体罰は横行していました。その理由として、体罰は法律で禁止されているが、「許される体罰」があるという考え方や、体罰には至らないが「限りなく体罰に近い懲戒」なら許されるという考え方があるように思われます。

ここで問題になるのは「身体に対する侵害」と「肉体的苦痛を与える」とは、どの程度であれば法律で禁止されているレベルになるのかということです。例えば、肩をポンとたたく、軽くこづく、身体を手で押さえる、出席簿でポンと頭を打つ、という行為も体罰になるのかという問題です。

これについては、およそ身体に対する「有形力の行使が」一切許されないというのではなく、「スキンシップよりもやや強度の外的刺激」程度ならば、教育的な効果がある「有形力の行使＝懲戒」として認められるという考え方もあります。つまり、「許されない体罰」――身体的な侵害行為・肉体的な苦痛を与える懲戒――がある一方で、「許される体罰＝限りなく体罰に近い有形力の行使」という懲戒があるとの考え方です。

これについての司法判断として水戸五中事件東京高裁判決（1981年4月1日）があります。

これは、中学2年生男子が保健体育教師に殴打された8日後に死亡（脳内出血で急死したがその原因は不明）したことで、加害教師が暴行罪で起訴された事件です。

一審は教師の暴行罪を認めましたが、控訴審の東京高裁では、体罰とは相対的に区別される「有形力の行使」の概念を用いて、「単なる身体接触（スキンシップ）よりもやや強度の外的刺激（有形力の行使）を生徒の身体に与えること」が「教育上寛容な注意喚起行為ないし覚醒行為として機能し、効果があることも明らか」とされ、教師の行為は「懲戒の行使として認められる範囲」であるとして無罪判決が下されました。判決要旨は以下の通りです。

「注意事項のゆるがせにできない重大さを生徒に強く意識させると共に、教師の生活指導における毅然たる姿勢・考え方ないしは教育的情熱を相手方に感得させること」「懲戒の方法・形態としては単なる口頭による説教のみにとどまることなく、そのような（中略）懲戒によるだけでは微温的にすぎて感銘力に欠け、生徒に訴える力に乏しいと認められる時は、教師は必要に応じて生徒に一定限度内で有形力を行使することも許されてよい場合があることを認めるのでなければ、教育内容はいたずらに硬直化し、血の通わない形式的なものに堕して、実効的な生きた教育活動が阻害され、ないし不可能になる畏れがあることも、これまた否定することができない。」

それまで体罰は「身体的な侵害行為・肉体的苦痛を与えるもの」とされてきました。しかし、この判決では教師の懲戒行為は、そのような体罰には至らない「有形力の行使」という「グレーな体罰」ともいうべき概念で、「許される体罰」があることを認めたと言えます。

この判決は、学校における体罰は一切禁止であるとする戦後の司法判断が続いていた中で、「適法な有形力の行使と違法な体罰の区別が困難。事実上、体罰を容認する危険性を内在した解釈である」（今橋盛勝・茨城大教授＝当時）という教育法学会での指摘をはじめ各界から批判されましたが、一方で、わが国の社会や学校の中に根強くある「体罰なしでは教育はできない」という「体罰容認論」の人々を勢いづかせることにもなりました。

●「毅然とした生徒指導論」でよみがえった「有形力行使是認」

1980年代初め全国の中学校や高校で校内暴力が頻発した時代、荒れた学校を鎮圧するため厳しい校則による取締りと体罰の横行が広がりました。

水戸五中東京高裁判決で「限りなく体罰に近い懲戒＝有形力の行使」が認められた背景には、「生徒の校内暴力が最もひどかった1980年代のはじめに出された判決で、その時代を反映している」（今橋氏）という指摘もあります。この判決で示された「有形力行使是認論」と「毅然とした生徒指導論」は、当時の学校における管理主義的な生徒指導を正当化する根拠ともなり、その後の学校の生徒指導に与えた影響は非常に大きいものがあります。

その後、1985年に衝撃的な二つの「体罰死事件」（岐阜県岐陽高校事件、中津川商業高校事件）が起き、メディアにも大きく取り上げられました。全国的な体罰・校則・管理主義批判の声があがり、人権擁護団体、弁護士会、教育界などから「子どもの権利を守る運動」が起こり、学校の体罰や校則指導による管理主義的な生徒指導にも厳しい目が向けられるようになりました。

そのような流れの中、1988年に文部省の初等中等局長が、都道府県教育委員会教育担当課長会議において、「校則の運用のあり方についての見直しの指導」を求め、1990年には文部省の初等中等課長が「校則の内容及び運用の見直し」を強く求めるとともに、校則の見直し状況を把握するための全国調査を行うことになりました。

ところが、2000年代に入って教育基本法が改正された頃から、文部行政の流れは変わっていきました。

2006年、文科省の国立教育政策研究所が「生徒指導体制の在り方についての調査研究――規範意識の醸成をめざして」という報告書を発表しました。ここで打ち出されているのが、児童生徒の非行・問題行動に対して、あらかじめ定められている規則や罰則に基づき、「してはいけない事はしてはいけない」と「毅然とした粘り強い指導」を行うというものでした。その指導方法の一つとして当時アメリカで実践されていた「ゼロトレランス（毅然たる対応）」と「プログレッシブディシプリン（段階的指導）」の導入を提案しています。それは、1990年代までの管理主義批判を意識して文科省自体が校則の見直しを求めていた時代から、大きな方向転換を感じさせるものでした。

さらに翌年、文科省は「問題行動を起こす児童生徒に対する指導について」という通知を出します。これは、先の国立教育研究所の報告書の方向性に沿って、「問題行動には出席停止や懲戒等の措置も含め毅然とした粘り強い対応をとる」という「毅然とした生徒指導論」が基調となっています。

ここで注目すべきなのは、この通知に別紙として付記されていた「学校教育法第11条に規定する児童生徒の懲戒・体罰に関する考え方」の中の次の文章です。

児童生徒に対する有形力（目に見える物理的な力）の行使により行われた懲戒は、その一切が体罰として許されないというものではなく、裁判例においても、「いやしくも有形力の行使と見られる外形を持った行為が学校教育法上の懲戒行為としては一切許されないとすることは、本来学校教育法の予想とするところではない」としたもの（昭和56年4月1日東京高裁判決）などがある。

このように、わざわざ20年以上も前に出された「水戸五中事件高裁判決文」を引用したうえで、合法な行為としての「有形力の行使」ができることをあげているのです。文科省の公式な文書で、「限りなく体罰に近い懲戒＝有形力の行使」は可能であると学校現場に通知したことは、きわめて異例なことだと思います。

また、どのような行為が体罰となるのかについては、学校教育法第11条および1948年の「法務庁長官見解」を引いて定義づけていますが、「許される懲戒」と「許されない体罰」の区別については、「機械的に判断できるものではなく、個々の事案ごとに判断する必要がある」としていることに加え、「単に、懲戒を受けた児童生徒や保護者の主観的な言動により判断されるのではなく」としています。つまり、児童生徒や保護者が「先生に体罰された」と主張しても、それだけでは体罰と認められないと言っているのです。

教員等が児童生徒に対して行った懲戒の行為が体罰に当たるかどうかは、当該児童生徒の年齢、健康、心身の発達状況、当該行為が行われた場所的及び時間的環境、懲戒の態様等の諸条件を総合的に考え、個々の事案ごとに判断する必要がある。個々の懲戒が体罰に当たるか否かは、単に、懲戒を受けた児童生徒や保護者の主観的な言動により判断されるのではなく、上記の諸条件を客観的に考慮して判断されるべきであり、特に児童生徒一人一人の状況に配慮を尽くした行為であったかどうか等の観点が重要である。

同時期に文科省は「いじめ」についての通知も出していますが、そこでは「いじめられた児童生徒」が主観的に「いじめられた」というだけで「いじめ」と認定すべきだとしています。これに対して体罰についての通知では「主観的な言動により判断されるのではなく」とされていることは、「いじめ」の認知と比べて、その対応は非常に対照的であるように思います。

●大阪市立桜宮高校体罰死事件の「衝撃」

体罰は学校教育法第11条で明確に禁止されているにもかかわらず、戦後75年以上、日本の学校現場から体罰はなくなることはなく、毎月のようにメディアで体罰事件が報道され、毎年何百人という教師が体罰を理由に懲戒処分を受けています。体罰は法律で禁じられているのに、日本の学校現場ではそれが「許されている」かのように行われてきたのです。

そんな日本の学校現場に大きな衝撃を与えたのが「大阪市立桜宮高校体罰死事件」です。この事件は、そのこと自体の衝撃だけでなく、その後の文科省や教育委員会・学校現場での体罰への対応や考え方を大きく変化させていく契機になったという意味でも注目される事件でした。

2012年12月23日、大阪市立桜宮高校バスケットボール部キャプテンの男子生徒が自宅で自殺し、生徒が残していたメモや周囲の証言から、バスケットボール部顧問の男性教師（当時47歳）が指導と称して日常的に暴力を加えていたことが明らかになりました。男子生徒はキャプテンに就任してから、顧問教師から「試合でミスをした」として数十発平手打ちされるなど集中的に暴力を受けるようになり、またキャプテンを辞めるように迫られていたといいます。

大阪市教委の聴取に対し、顧問教師は生徒を殴ったことを認め、「強いチームにするためには体罰は必要」などと話したそうです。大阪市教委は翌月、事実関係を公表し、その後顧問教師を懲戒免職にしました。体罰を直接の原因とした懲戒免職処分は、異例のものです。

この顧問教師は傷害と暴行の罪に問われ、大阪地裁は2103年10月、懲役1年執行猶予3年の有罪判決を下しました。この大阪地裁判決では、体罰が被害者の自殺の一因になったことを指摘し、その程度によっては刑事責任を問われることを明確に示しました。

文科省もこの事件を重く受け止め、2013年1月、全国的な規模での体罰の実態調査を行うことを決定し、各都道府県教育委員会等に依頼しました。同年4月に第1次報告が出され、全国の公立学校で840件の体罰発生が確認されました。これは例年の体罰発生件数の倍以上になります。国立学校と私立学校も調査対象に加えられた同年8月の第2次報告では、2012年度中に確認された体罰件数はそれまで最高の6721件にのぼりました。

この2回の報告を受け、文科省は各自治体・教育委員会に対して「体罰根絶に向けたガイドライン」の作成を指示し、そのために通知を2度出しています。最初の「体罰の禁止及び児童生徒理解に基づく指導の徹底について」(2013年3月13日通知)で文科省は、冒頭ではっきりと「体罰の禁止」を明言し、「なぜ体罰はやってはいけないか」についての理由を以下に列記しています。

「体罰は、学校教育法第11条において禁止されており、校長及び教員は、児童生徒への指導に当たり、いかなる場合も体罰を行ってはならない。体罰は、違法行為であるのみならず、児童生徒の心身に深刻な悪影響を与え、教員等及び学校への信頼を失墜させる行為である」

「体罰により正常な倫理観を養うことはできず、むしろ児童生徒に力による解決への志向を助長させ、いじめや暴力などの連鎖を生むおそれがある」

文科省が通知した行政文書として、明確に体罰が禁止される理由を示したことは画期的だったと思います。さらに注目すべきは、2007年の文科省通知で示されていた、「児童生徒に対する有形力（目に見える物理的な力）の行使により行われた懲戒は、その一切が体罰として許されないというものではなく」という文章と、「水戸五中東京高裁判決文」の例示が全くなくなったことです。このことは、少なくともこの時点で文科省は「有形力の行使による懲戒」は「許される」という立場を、公には取らないことを意味しているのではないでしょうか。

さらに2度目の通知である「体罰根絶に向けた取組の徹底について」（2013年8月9日通知）では、体罰根絶に向けて、「未然防止」「実態把握と早期対応」「再発防止」の取り組みをより強化するよう書かれています。

「体罰の未然防止」では、①決して体罰を行わないよう、校内研修等を通じて体罰禁止の趣旨を徹底すること、②指導困難な児童生徒がいても、体罰によらず、粘り強い指導や懲戒で対応すること、③部活動における指導では、指導者による体罰の根絶と適切かつ効果的な指導に向けて取り組むことの3点を求めています。

「徹底した実態把握及び早期対応」では、①教育委員会及び学校は、継続的に体罰の実態把握に努めること、②学校の管理職は、教員が体罰を行った場合、教員が直ちに報告や相談ができる環境を整えること。教育委員会は事実関係の把握など必要な対応を迅速に行うこと、③体罰を行った教員には厳正に処分を行うこととしました。

「再発防止」では、教育委員会と学校に対し、体罰の実態把握の結果を踏まえた再発防止策を適切に講じること、体罰を起こした教員に対して研修を行うことなどを求めています。

この二つの通知の意味するところは、文科省は体罰を明確に否定し、体罰を行った教員に対する懲戒処分の厳罰化に向かうことを教育委員会と学校現場に徹底させたことだと思います。実際に2012年度に体罰を行ったことで懲戒処分を受けた教員の数は最高レベルでしたが、その後年を追うごとに体罰の発生件数と懲戒処分を受けた教員の数は漸減しています。しかし、それが体罰を行った教員に対する厳罰化の“成果”であるのかどうかは分かりません。

文科省と教育委員会・学校管理職の「監視の目」が厳しくなったことで教員の体罰が減ってきたというのであれば、教育現場から体罰が根絶されることはないでしょう。おそらく「監視の目」の届かないところで体罰は温存され続けていくでしょうし、「監視の目」が厳しくなくなってきたら、また再び体罰は増殖していくのではないかと懸念されます。

●体罰は教師の暴力行為である

学校教育法第11条では、学校の校長と教員は、児童生徒に懲戒を加えることができるが、ただし体罰を加えることはできないと定められています。このことから体罰は、懲戒のカテゴリーの中に入るもののように読み取れます。

学校における懲戒には校長のみが行える停学・退学・訓告という「法的処分としての懲戒」と、教員が行える注意・叱責・命令という「事実行為としての懲戒」があります。体罰は「事実行為としての懲戒」に含まれると思われますが、しかしそれは「許されない懲戒」なのです。

なぜ教師が体罰を行なってしまうのか、なぜ学校から体罰がなくならないのか、その根本的な原因は、体罰が指導と懲戒のグレーゾーンの中で行われているからではないでしょうか。

しかし、体罰が指導であるならば、その児童生徒の成長発達を促すためのものであり、言葉による指導助言でなければなりません。また指導は、児童生徒の自己決定権・主体性の尊重が前提となっていて対象者の同意がないと成立しないとされています。このようなことから、体罰は、教師が児童生徒を指導する意志を持っているかどうかにかかわらず基本的な条件において指導にはなりえません。

また、体罰が懲戒であるとしたなら、それはその児童生徒が行なった非違・問題行為への制裁であり、対象者への強制的な権利停止を含みます。これも基本的には言葉によって行うべきものであり、身体に対する侵害や肉体的な苦痛を与えてはならないものです。また、懲戒を加える場合においては「適正手続きの原則」が保障されなければなりません。このようなことから、体罰は基本的条件において懲戒であるとは言えないのではないでしょうか。

つまり体罰は、その基本的な条件において指導でも懲戒でもないのです。あえて言えば、それは教師の児童生徒に対する暴力行為だと思います。このような教師の児童生徒への暴力行為というきわめてブラックな違法行為を、体罰という名称によって指導と懲戒のグレーゾーンの中で行われていることが、体罰がなくならない最大の問題点であるように思います。

第５章

なぜ体罰をしてしまうのか

●体罰はどんな教師でもやってしまう

体罰は学校教育法第11条において明確に禁じられています。また、学校内でも学校外でも人に暴力をふるう（たたく、殴るなどの行為）ことには、刑法の暴行罪や傷害罪が適応され、罰せられます。しかし、学校内で教師が児童生徒に暴力をふるっても表面化することは少なく、「やむを得ない体罰」として容認される風潮が、いまだにこの国には残っているように思います。

よく「社会で許されないことは、学校でも許されない」と言われますが、「社会では許されない暴力」を、学校内で教師がやっても、体罰や指導として許されるような風潮が今だに残っているのはなぜでしょうか？

日本では1879（明治12年）から法令で体罰を禁止しているにもかかわらず、戦前戦後を通じて一貫して学校現場で体罰は行われてきました。日本は明治以来、近代的法治国家となり、戦後においては近代的民主国家になったはずですが、学校での体罰という「違法行為」は黙認され続けてきました。

教師であれば誰でも、体罰は学校教育法で禁じられている違法なものだと知っているはずです。では、なぜ教師は、その違法な行為をやめることができないのでしょうか？そして、なぜ違法な体罰が学校の中で事実上許され続けてきたのでしょうか？

体罰は突然に起きてしまうものです。体罰を事前に「やろう」と思ってやる教師はほとんどいないと思います。体罰は、いつどこで起きるのか、やってしまう本人も予想できません。

体罰が起きるきっかけは、児童生徒が非違行為をしてしまった場合がほとんどです。

具体的には、児童生徒が「宿題を忘れた」「掃除をサボった」「授業中おしゃべりをした､寝ていた」「教師が何度も指導しているのに従わなかった」「校則を守らなかった」などです。そのような児童生徒の非違行為に対して、教師の側の「思わず手が出た」「カッとなった」「懲らしめようと思った」などの怒りやとっさの思いが体罰のきっかけとなることが多いように思います。

つまり、体罰は、児童生徒がした非違行為に対して、それを指導する教師が、自分の感情と行動をコントロールできなかった時に起きるのです。

また体罰は、どんな教師でもやってしまう可能性があります。体罰をふるう教師には、よく「体育教師」「若い教師」「感情的になりやすい教師」が比較的多いと言われますが、そうでない教師でも体罰を行ってしまうケースはたくさんあります。体罰をやってしまいそうな教師の特定の傾向、性格があるわけではありません。自分は親や教師にたたかれたこともないし、人をたたくのも嫌なので体罰はしない、と思っている教師でも体罰をしてしまうことがあります。

見た目がごつい武道系有段者の教師は、やたらと体罰をしそうに見えますが、意外とそういうタイプの教師は体罰をめったにしません。そのような教師は見た目が怖いので、児童生徒は黙っていても言うことをきくので体罰の必要がないのです。逆に、「若い教師」「女性教師」「気の弱そうな教師」の場合、児童生徒が言うことをきかないことがあるので、体罰をやってしまう可能性も高くなります。

結局、どんな児童生徒にも完璧に言うことをきかせることができる教師以外は、どんな教師であっても体罰に頼ってしまう可能性があるのです。

学校教育法第 11 条で定められているように、体罰は懲戒に含まれるものと考えられます。

懲戒とは、基本的に非違行為を行った者に対する制裁です。体罰は、個々の教師が行うことができる「事実行為としての懲戒」に含まれると思います。しかし、体罰を「事実行為としての懲戒」の一つであるとして認識している教師はほとんどいないのではないでしょうか。

教師は体罰を、教育的な指導（生徒指導）の一つだと思っているのです。教師のほとんどは、非違行為をやってしまった児童生徒に対して、「間違った行為だったと気付かせてやりたい」「良い方向に導いてやりたい」との思いを込めて教育的指導（生徒指導）を行っているのだと認識しているのです。

そのような教師の教育的な指導（生徒指導）に対して、児童生徒が従わない・反抗する事態となった時、さらなる「厳しい指導」が必要だとして体罰が行なわれてしまうのです。

●体罰はよほどのことがない限り発覚しない

体罰は多くの場合、簡単に発覚することはありません。

体罰をした教師が、管理職や教育委員会に「体罰をやってしまいました」と自ら通報するケースはほとんどないでしょう。なぜなら、体罰を行った教師は、体罰が法的に許されないことを知っているからです。また、自分がしたことは体罰ではなく、教育的な指導だと思い込んでいるからです。

教師から体罰を受けた児童生徒も、親や他の教師などに「体罰を受けた」と訴えることもほとんどありません。体罰を受けた児童生徒は、「自分がいけないことをした」「体罰というより教育的な指導を受けた」と思っているからです。

体罰をうけた児童生徒が、自分の保護者に訴えても、必ずしも全ての保護者が学校や教育委員会に通報することはありません。「お前が先生に怒られるような悪いことをしたからだろう」「先生がたたいたのは、お前のことを思ってのこと」「昔から学校の先生は子どもをたたいていた。私だってよくたたかれた」と言って、逆に児童生徒を説教する保護者もいるでしょう。また、学校などに通報すれば、教師が逆恨みして自分の子どもが不利益を受けるかもしれないと思って泣き寝入りする保護者もいると思います。

さらに、体罰は多くの場合教室や体育館など、教師とその児童生徒以外の第三者の目の届かないところで行われます。ほとんどが体罰をする教師と受ける児童生徒との一対一の関係性の中で起きるのです。

そのような体罰の現場に、他の同級生や同じ部員たちがいる場合もありますが、彼らが第三者に通報することもほとんどありません。「密告（チク）った」と言われるのが嫌だったり、自分も体罰の対象にされるかもしれないという恐怖心が通報をためらわせるのかもしれません。このあたりの状況は「いじめ」にとても似ていると思います。

教師の体罰が発覚するのは、その体罰が失敗したからです。

体罰によって児童生徒が、隠しきれないほどの大きなけがをしたり、身体に傷跡が残ってしまった場合に体罰が発覚することがあります。また、その体罰を受けた児童生徒が、それを教育的指導とは受け取らず、いわれなき暴力として受け止め教師に対する恨みの感情を抱いた場合には、「体罰（暴力）を受けた」として親や学校などに訴える可能性が高くなります。
そうした意味で、体罰はやる教師もやられる児童生徒も、教育的指導として受けとめている場合には問題になることは少なく、それがけがの程度や児童生徒の受け止めによって体罰として発覚してしまうのではないでしょうか。
さらに、教師が体罰を行うのは、なんらかの教育的効果があることを期待しているからです。非違行為をした児童生徒は、教師の体罰によって、自分の間違いに気付き、反省して二度とそのような行為をしなくなるかもしれません。しかし、それは教育的指導の効果というよりは、体罰による身体的な痛みや精神的な恐怖・屈辱感による効果ではないでしょうか。体罰の効果は、身体的な痛みや精神的な恐怖・屈辱感によって、児童生徒に「もう懲り懲りだ」と思い知らせることではないでしょうか。体罰には、児童生徒の非違行為を止めさせる懲戒的効果があるのです。
さらに言えば、体罰には即効性があります。
児童生徒を教育的に指導するためには時間がかかります。児童生徒が行った非違行為について、その事実を確認し、やったことの意味を自覚させ、なぜこのような指導を受けなければならないのかについて児童生徒に説明し、納得してもらわなければなりません。
多くの体罰の場合、このような過程は省略されます。体罰を受ける児童生徒の側から、「ぐだくだと説教されるよりも、ゲンコツを一発くらった方がすっきりする」という声もあり、そのような体罰の即効性は、教師にとっては魅力的な方法ではあります。
しかし、体罰を懲戒として行ったとしても、児童生徒に対して一定の権利制限・停止を加える場合には、本来「適正手続きの原則」を保障することを無視してはいけないのであって、そのような意味においても非常に問題があると言えるでしょう。

●「愛のムチ」だから許される？

教師はなぜ体罰をやり続けてきたのか？それは、体罰を容認する考え方が学校や社会の中に根強く残っているからではないでしょうか。
その一つが、「愛のムチ」論です。体罰は、理由なく児童生徒に加えられることはありません。ほとんどの場合、児童生徒の側になんらかの非違行為があります（時には教師の側に誤解や事実誤認もありますが）。「やってはいけないことをした」「教師の言うことをきかなかった」という児童生徒の非違行為に対して、そのような生徒を「なんとか立ち直らせたい」という教師としての愛（教育愛）から体罰をしたのだ、というのが愛のムチ論です。

教師の体罰が発覚した時、よく言われるのが「指導に熱心なあまり」「指導が行き過ぎてしまった」「生徒のことを思ってやった」などです。いずれも、法律で許されてはいない体罰をやってしまったのは、生徒を「なんとかしたい」という教師の熱意からの教育的指導が、体罰にまで「行き過ぎてしまった」ということなのでしょう。つまり、教師の教育愛と情熱に基づく体罰なのだから、それは許されるということなのです。

しかし、教師にどれほど児童生徒を「良くしたい」「立ち直らせたい」という教育的な動機があったとしても、その手段として社会において傷害罪や暴行罪とされる体罰をふるうことが、許されるのでしょうか。そして、それは本当に教育愛なのでしょうか。

体罰はしつけだから許される、という考え方もあります。親が自分の子どもをたたいても、それはしつけだから許されるという考え方は昔からありました。親が子どもに行うしつけは、基本的な生活習慣を身に付けさせることですが、子どもには口（言葉）で言って分からないところもあるから、身体で覚えさせる必要もあるとして「しつけ＝体罰」を容認するという考え方が出てきたと考えられます。

例えば、言葉の通じない動物に対してトイレトレーニングなどを「たたいてでも教える」ことはしつけだと言う主張もありますが、これは子どもを動物と同じようなものとして見ていることになります。

子どもの中にある「わがまま、だらしない、言うことをきかない」という傾向（子ども性・粗野性）は、そのままでは直らないし、口で言ってもなかなか理解しないので、たたいてでもしつけなければならない、それは親の責務だ、という考え方があります。

このようなことから親の体罰によるしつけは、親の懲戒権行使の範囲内として認めるべきだとの主張もありましたが、近年、家庭内での親の子どもへの虐待が社会問題となったこともあり、現在は法的にも親の体罰は禁じられています。

本来は、親が自分の子どもに基本的な生活習慣を身に付けさせるものですが、近年、家庭の教育力が低下して、親からきちんとしつけられていない子どもたちが入学してくるようになってきたとも言われます。そこから、家庭で基本的な生活習慣が身に付けられていない子ども（児童生徒）たちを、学校で教師が（親に代わって）たたいてでもしつけなければならないとの考え方が出てくるのです。

実際、私自身も生徒の親から「先生、うちの子はたたいてでもいいですから、なんとかまともにしてやってください」と言われたことがありました。このような親の懲戒権によるしつけとして体罰する権限を、学校の教師へ委託したというロジックによって、教師の懲戒権の中にしつけとしての体罰は許されるとする「親代わり体罰是認論」というのもあります。

これは「親－子関係」と「教師－生徒関係」とを同一視することで、家庭における親の懲戒権と学校における教師の懲戒権を混同させるものです。戦前の日本の教育体制においては、「天皇－臣民関係」と「親－子関係」「教師－生徒関係」とを同一視することで、学校の教師は「天皇の代理人」として、その指示は天皇の命令と同じものとされ、なおかつ教師は親の代理人としてしつけるために体罰も許されるとされました。

しかし、戦後の日本の教育体制においてはこのようなロジックは通用せず、奈良県内中学校体罰事件での控訴審判決（大阪高裁、1955 年）においても「親代わり体罰是認論」は明確に否定されています。

●「口で言っても分からない」から「たたく」？

教師が体罰を行った時に、「口で言って分からないからたたいてしまった」というのがあります。

なんらかの非違行為があった児童生徒に対して、教師が言葉で指導したが、その児童生徒が「言うことをきかなかった」から身体的に「たたいて」して指導したということだと思います。

教師の指導は、基本的には言葉による児童生徒への説諭で行われます。もし、言葉による指導に児童生徒が従わなければ、非違行為とみなされ、懲戒の対象となります。しかし、この時に行われる懲戒も、あくまでも言葉による懲戒（注意、叱責、命令）でなければなりません。それでも効果がなかったので、たたいた（体罰をした）ということは、言葉での指導よりも体罰の方が効果が大きいという考え方に基づくものだと思います。

このような考え方は、「懲戒」における「教育的・指導的な側面」よりも「懲戒的・強制的な側面」に重きを置いたことになるでしょう。

さらに、体罰もしくは身体への有形力の行使は、当然児童生徒への一定の権利制限・権利侵害となります。「口で言っても分からないからたたいた」というのは、体罰もしくは身体への有形力の行使によって児童生徒の権利が一定停止・侵害されても、それによってもたらされる児童生徒が「非違行為をやめる」「言うことをきく」「行動を直す」という効果の方が大きいと判断したということになるのでしょう。

しかし、それによる効果は、本当に教育的効果なのでしょうか。体罰もしくは身体への有形力の行使は、児童生徒の非違行為を止めさせるための懲戒的な効果はあるかもしれませんが、それは教育的な指導による効果とは思えません。

児童生徒が、教師による体罰や身体への有形力の行使を受けて「言うことをきく」ようになるのは、教師の指導に納得したからではなく、体罰によって「痛い思いをした」から「教師の言うことをきくようにする」ということではないでしょうか。果たしてこれは、教育的な指導と言えるのでしょうか。それは体罰という教師の暴力による、児童生徒への支配・統制であるように思えます。

教師が体罰をする理由の一つに、児童生徒が「教師の指導に従わなかった」ということがあります。

しかし、これは体罰（懲戒）の対象となる非違行為にあたるのでしょうか。教師の指導に対して児童生徒がそれを拒否しただけではないでしょうか。もし、それが教育的な指導であるならば、本来は非強制的なものであり、児童生徒から拒否されることもありえるのではないでしょうか。

指導というのは、指導される側の同意が必要であり、前提となるものです。当然、それは指導される側から拒否されることも想定しなければなりません。その指導が拒否された場合には、指導する者は別の指導のやり方を考えて、試行すべきなのです。

ところが、なぜか教師は、児童生徒に指導を拒否された場合、それを児童生徒の非違行為とみなしてしまうのです。そこには、児童生徒は教師の指導を拒否できず、必ず従わなければならないという考え方があるように思われます。

児童生徒の側に指導に対する同意がないのにもかかわらず、特定の行動を児童生徒に強要することは、指導ではなく、懲戒となるのではないでしょうか。どうも、教師の側が指導を懲戒と同じようなものとして混同しているように思われます。

教師の指導が拒否された時、それが指導であるならば、教師がやるべきことは、その指導への同意が得られるように、言葉によって児童生徒を説得すべきなのだと思います。しかし、多くの教師は、児童生徒の指導拒否を非違行為として捉え、それに対して懲戒を加えようとするのではないでしょうか。そして、その懲戒に対しても児童生徒から拒否をされた時に、教師は体罰を加えてしまうことになるのだと思います。

●なぜ体罰をやってはいけないのか

学校における教師と児童生徒との関係は、基本的には「指導する者」と「指導される者」との教育的・指導的な関係であるとされています。よく「教師と児童生徒は対等の関係だ」と言われますが、法的にも実質的にも、教師と児童生徒との関係は、けっして対等ではありません。

基本的に学校においては、児童生徒は教師の指導に従わなければならないとされます。

教育法学的に言えば、教師には教育権があり、児童生徒を「教育する権限」を有しているとされます。この教師の教育権の根拠が、「国家の教育権」からなのか「国民の教育権」からなのかについては議論があるところですが、実質的にも、教師は児童生徒に対して教育する権限を持っているものとして学校における日常の仕事をしていると思います。

ほとんどの児童生徒は、学校においては教師の指導には従わなければならないと認識しています。それは、教師は「指導する立場」にいるということだけでなく、「教師としての知識や資質」があり、教員免許状という「指導する資格」を持っているという「教育的・指導的な権威」があると認識していているからです。

基本的に学校は、教師と児童生徒（そして保護者）との間に、このような「教育的権威による教師と児童生徒との関係性」についての合意があって、初めて成立する場所であるといえるでしょう。

しかし、現実には必ずしも全ての児童生徒（そして保護者）との間に、このような「教育的権威による関係性」についての合意が常に得られるわけではありません。学校では、児童生徒が教師の「言うことをきかない・指導に従わない」という事態が起きる可能性は常にあるのです。そのような児童生徒の指導拒否は、教師と児童生徒との「教育的権威による関係性」を揺るがせ、危機に陥らせます。

ある意味で、このような事態はすべての教師が最も怖れている事態だと思います。なぜなら、これは児童生徒が教師である自分のことを「教育的・指導的権威がある立場」として認めてくれなくなることであり、教師としてのアイデンティティが根底から突き崩されることになるからです。

なぜ教師は体罰をやってしまうのか。それは児童生徒が非違行為をしてしまったから、教師が児童生徒を立ち直らせたいという教育的な愛と情熱を持っているから、口で言っても分からないので身体的な有形力でもって親の代わりにしつけるから――など様々な理由が考えられますが、私は、その根底には、教師のアイデンティティの危機感からくる不安と恐怖があるのではないかと思います。

たとえば、教師が児童生徒の指導拒否にあった時に、このような教師の反応があります。

「お前、オレ（教師）をナメてんのか」「なんでオレ（教師）の言うことがきけないんだ」

この時、教師にあるのは児童生徒に対して教育的な指導や懲戒を加えようという思いよりも、自分の指導に従わない児童生徒への怒りといらだちではないでしょうか。さらに、そうした感情の深層には、教師としての自分の指導に児童生徒が「従ってくれない」ことへの不安や恐怖があるのではないでしょうか。そしてそのような不安と恐怖は、教師としての指導的な立場が危うくなっていることへの危機感から生じているように思えます。

児童生徒が教師の指導に従わないという事態は、学校における「教育的権威による関係性」を突き崩すものです。これによって、児童生徒を指導できなくなることは教師として最も怖れる事態です。そのような事態に遭遇した教師がとる行為の一つが体罰なのではないでしょうか。

教師が懲戒権を行使して、児童生徒に懲戒（事実行為としての懲戒）を加えることは、教師と児童生徒との関係性が「教育的な指導関係」を超えて「懲戒的な権力関係」に移行することになります。

「口で言って分からないから、たたいた」というのは、まさに教師と児童生徒との「教育的権威による関係性」が成立しないことによって、教師が体罰という懲戒を加えることで両者の関係性を「懲戒的な権力関係」に移行させ、暴力的に「言うことをきかせる」ことになるのです。

教師が体罰をやってしまうのは、児童生徒の指導拒否によって脅かされた「教育的・指導的権威がある立場」を、もう一度暴力的（権力的）に確立することによって、自らの教師としてのアイデンティティを守ろうとすることにあるように思います。

●体罰の「反復」をなくすためにも

体罰はやってはいけない行為です。教師の体罰は学校教育法第 11 条で禁じられているだけでなく、日本国憲法および子どもの権利条約で保障されている子どもの基本的人権の侵害にもあたります。しかし、体罰をやっていけないのは、法律で禁じられているから、人権侵害だからという理由だけではありません。体罰は連鎖するから、やってはいけないのです。

大学の教職課程を履修する学生たちで、児童生徒時代に体罰を経験してきた者、あるいは体罰を肯定する者の数は、年々減ってきてはいますが、何人かは必ず存在します。心配なのは、彼らが教壇に立った時に、体罰をする教師になるかもしれないことです。

いま家庭内での児童への虐待や体罰が大きな問題となっていますが、よく言われるのは虐待や体罰をしてしまう親は、かなりの割合でその親自身も子ども時代に親からの虐待や体罰を受けていることがあることです。人間は被教育体験を反復すると言われています。自分が親に育てられたように、自分もまた子どもを育ててしまうのです。

親から虐待や体罰を受けた子どもの全てが、親となった時に虐待や体罰をやってしまうわけではありません。自分が親からされて嫌だったことは、自分の子どもにはしないと決意して、虐待や体罰をしない親も少なくないと思います。しかし、残念ながら実際に虐待や体罰をしている親の大半は、虐待や体罰の被害者だというのが現実です。

学校における教師の体罰についても同様のことが言えるのかもしれません。体罰をする教師が全て体罰の経験者であるとは言えませんが、やはり中には教師自身が児童生徒の時代に体罰を経験したことが、教師となって体罰をするようになったという者も少なくないのではないでしょうか。

学校から教師の体罰を根絶するためには、学校の中で教師から体罰を受けたという児童生徒をなくさなければなりません。そのためにも教師は体罰をやってはいけないのです。

第6章

ブラック校則

●校則には何が書いてあるか

校則が再び世間の注目を集めたのは2017年、大阪府立高校での女子生徒の地毛黒染め訴訟でした。

このことが契機となって「生まれつきの髪の色を黒く染めさせる」以外にも、「下着の色は白でなければならない」とか「日焼け止めやリップクリームの禁止」などという理不尽なブラック校則を問題とする世論が起こり、国会でも取り上げられる（2018年3月）など、校則の見直しを求める動きが起こりました。

訴訟の当事者となった大阪府は校則の点検を府立学校に指示、2018年4月の段階で4割強の学校において校則や内規の見直しがなされました。大阪府以外でも、千葉市の学校で日焼け止め「原則禁止」が「使用推奨」へと180度転換するなど全国に波及しました。また、同年9月には文科省から全国の教育委員会に対して、通学時の荷物の重量などに配慮するように求める通知が出され、ブラック校則の一つとも言われていた「置き勉（教科書などを学校に置いて荷物を軽減）禁止」の見直しが進んでいくことが期待されています。

このようなブラック校則が社会的に大きな問題となったのは、校内暴力が頻発し体罰や校則による厳しい指導が広がった1980年代以来のことではないかと思います。当時の「荒れる学校」を鎮圧するために、校則によって厳しく生徒を指導する管理主義の横行が、生徒の人格の尊厳を傷つけ、人権を侵害するものだという声が生徒や保護者たちから上がり、それが大きな社会問題となったのは1985年くらいからだったと思います。その後、この問題を日本弁護士連合会や人権擁護団体などが取り上げたこともあり、文部省も1988年には「校則見直し」を全国の教育委員会に求めたほどでした。

それから30年以上たち、21世紀に入った今も、一般社会から見れば明らかに不合理で理不尽なブラック校則は、日本の学校の中に生き残り、それどころかさらに細かく厳しくなり増殖し続けていたのでした。

学校で生徒が守らなければならない決まり（ルール）の多くは、校則あるいは生徒心得と呼ばれ、それはたいてい生徒手帳に記載され、年度初めに担任教師が配布するプリントにも記載されています。そこには、どのような内容が書かれているのでしょうか。

一つは以下のような学校における集団生活上の規律（規則）であり、児童生徒として守らなければならない決まり、やってはいけないことなどが書かれています。それを守らなければ教師から注意・指導されることになります。

（１）頭髪―中学生や高校生らしい髪型。長さ（眉・耳・襟にかからない）、形（丸刈り指定、リーゼント・角刈り禁止）、色・質（茶髪・脱色・カール・パーマの禁止）など

（２）服装（制服）―かつて男子は黒の詰襟、女子はセーラー服（どちらも明治の軍服が原型）が多かったが、最近は男女ともブレザー型が増えてきている。さらに、髪留め、ベルト、靴、靴下、コート、下着の色まで規制・指定される

（３）所持品―学校生活に不必要な物は持ってきてはならない（高額な金品、危険な物、ゲーム機など）。携帯電話（スマホ）については小学校では禁止、中・高校は条件つきで持ち込み可が多い

（４）礼儀・マナー―あいさつ、礼、おじぎ、会釈、言葉遣い、職員室の出入り、給食のマナー

（５）校内生活―登下校、授業時間、休み時間、昼休み、放課後、清掃、日直当番、施設利用規定

（６）校外生活―外出時間、外出時の服装、出入り禁止場所（親の同伴）、旅行・キャンプの届け、アルバイトの禁止（許可）、運転免許の取得（バイク免許を取らせない・買わせない・運転させないの三ない運動）など

もう一つは、人としての道徳規範のようなものです。児童生徒として学校生活を送る上での心の持ち方で「～しましょう」「～を心掛けましょう」というものです。たいていは抽象的な訓示のようなもので、守らないと注意されるというよりも、むしろそのようにすれば褒められるという性質の

ものです。

このように学校で生徒が守らなければならない決まりには、性質の異なる様々な規律や道徳的な規範、訓示のようなものが混在しているのです。

●生徒心得の原型は明治６年に制定

学校で生徒が守らなければならない決まりを校則と呼びますが、この校則という言葉は法律用語ではありませんし、校則には明確な成文法の根拠はありません。つまり、現行の法律や行政上の命令の中に「学校は校則を定めることができる」というような規定は一切書かれていないということです。

校則は、校規や生徒規則などと呼ばれることもありますが、圧倒的に多くの学校（８割以上）では生徒心得と呼ばれています。一般的に「心得」は、その組織・集団の上位にいる者が、下位にいる者に対して、日常心に留めておくように注意する文書を意味します。従ってそれは、社会における法律のようなものよりは、宗教団体の戒律に近いものと言えます。

この校則（生徒心得）の原型となったものは、1873（明治６）年に文部省が制定した「小学校生徒心得」であると言われています。これは学制制定の翌年であり、まさに日本の校則は、学校の成立とほぼ同時に成立したことになります。

全部で 17 条からなる「小学校生徒心得」には、以下のような内容が書かれていました。

第一条　毎朝早ク起キ顔ト手ヲ洗ヒロヲ漱キ髪ヲ掻キ父母ニ礼ヲ述ベ朝食事終レバ学校ヘ出ル用意ヲ為シ先ズ筆紙書物等ヲ取揃ヘ置キテ取落シナキ様致ス可シ

第二条　毎日参校ハ受業時限十分前タルベシ

第三条　校ニ入リ席ニ就カントスル時教師ニ礼ヲ致ス可シ

第四条　席ニ着キテハ他念ナク教師ノ教ヘ方ヲ伺ヒ居テ仮ニモ外見雑談ヲ為ス可カラズ

（第五条以下略）

このように、生徒が登校する前から、そして登校してからやらなければならない行動（席に着く時には教師に礼をする、授業の時はよそ見や雑談をしない……など）が、「小学校生徒心得」には事細かく記載され、それらは「可シ」とか「可カラズ」という命令や禁止によって子どもたちに強制されたのでした。

1872年に学制が制定されるまで、日本人のほとんどは、学校がどのような制度であり、そこで生徒たちがどのような行動をすべきなのかを知りませんでした。まさにこの「小学校生徒心得」は、近代的な学校という制度に適応するための「一定の行動様式」のあり方を示しているのです。

すなわち、学校という制度と「生徒心得」とは、日本が近代国家になるために、国民が近代社会に適合していく「一定の行動様式」を身に付けるためのものとして、国家が国民に「おしつけた」ものといえるでしょう。

このような校則の原型である「小学校生徒心得」を制定した当時の文部省は、これを学制や教育令、あるいは教育勅語のような法律・勅令としては示さずに、これを参考にして各都道府県や各学校において、それぞれの「生徒心得」を作成させ、それを各学校の子どもと教師たちに示して、これを自ら守らせる形をとったのでした。

●校則を守らなければならない根拠①―特別権力関係論

なぜ生徒は校則を守らなければならないのでしょうか？

先にも述べたように、校則には明確な成文法による根拠はありません。また、文科省からも校則について学習指導要領のような細かなガイドラインは示されていません。

校則というものは、誰が決めて、なぜ守らなければならないのでしょうか。その理由として言われる一つに、「児童生徒は、学校が決めたことや教師の言うことには従わなければならない」というものがあります。

その理論的な根拠が「特別権力関係論」です。これは、学校は、行政上の公の施設である営造物にあたり、校則は営造物主体により営造物利用関係における規則の一つである、という考え方です。営造物とは聞きなれない言葉ですが、学校だけでなく公立の図書館、博物館、公民館、病院などすべて行政法学上は営造物になります。

このような営造物を管理運営する営造物主体は、利用者に対して、具体的な法律の根拠に基づくことなく、必要な規則を定めたり、命令を強制したりすることができるとされます。公務員とか国公立学校に在学する児童生徒と国や公共団体の関係は、一定の目的のための法律や同意に基づいて生じるものなので、その目的達成に必要な合理的な範囲で、法律の根拠がなくとも命令を強制できるというのが「特別権力関係論」です。

これによると、児童生徒と学校を管理運営する学校長（および教員）との関係は「特別権力関係」にあたるので、学校は教育目標を達成したり学校内の秩序を維持するために、その必要な範囲内で生徒の行為に規制を加えたり、指示・命令することが認められるとされます。従って校則は、学校という営造物の利用のための必要なものとして、生徒の行動への制約や指示・命令を文章化したもの、となるのです。

このような「特別権力関係論」は、戦前のドイツ帝国憲法下における法理論の一つとして生まれ、戦前の大日本帝国憲法下でも官吏の法律関係を示すものとして取り入れられました。しかし、戦後の日本国憲法制定後においては、法の支配や基本的人権保障の原理からも通用しない法理論だとの学説が主流になってきました。そこで、戦後の判例の中に登場してきたのが「部分社会論」と言われる論理です。

●校則を守らなければならない根拠②—部分社会論

「部分社会論」とは、学校は一般社会とは異なる特殊で自律的な部分社会であり、その設置目的を達成するために必要なことがらについては、法律上の根拠がない場合でも校則等によってこれを規定し、実施することのできる自律的・包括的な権能を有しており、学校での内部規律については外部から（司法審査が）干渉すべきでない、とする法理論です。

「学校は公立私立を問わず、生徒の教育を目的とする公共的な施設であり、法律に格別の規定がない場合でも学校長は、その設置目的を達成するために必要な事項を校則等により一方的に制定し、これによって在学する生徒を規律する包括的権能を有し、生徒は教育施設に包括的に自己の教育を託し、生徒としての身分を取得するのであって、入学に際し、当該学校の規律に服することが義務づけられる」（「バイク三ない原則」違反退学訴訟で

の千葉地裁判決、1987年10月30日）

「部分社会論」は、部分社会として認知される団体・組織は人的集合体であるから、その団体内で規律を保つために規定や手続きを定める必要があり、その手続きに一定の合理性がある限りその手続きを承認して団体に入った者はその適用を受けるという考え方に基づいています。

「特別権力関係論」との違いは、当該個人がその団体すなわち部分社会に入るか否かの自由を有していること、その団体が独自の処分権限を有することを事前に承認した上でその団体に入り、その承認した手続きに基づき処分されたのであるから、その点においては事前の同意があったとみなされることです。

しかし、公立の小・中学校においては、基本的に児童生徒や保護者に入学する学校を選択する余地はなく、「部分社会」である学校に入るか否かの選択の自由があるのかという問題や、部分社会の中で決められた内部の規律は、憲法をはじめとする法令に違反していてもいいのか、その内部での権利侵害に対して司法審査は及ばないのか、など様々な問題があるとされています。

●校則を守らなければならない根拠③—在学契約論

なぜ校則を守らなければならないのかの理由としてよく言われるのが、「この学校にあなたは望んで入学してきたのだから、この学校の決まり（校則）に従うのは当たり前でしょう。嫌ならこの学校を辞めて、納得できる別の学校に行けば良いのでは」です。「部分社会論」はほぼこうしたロジックをとっていますが、似たようなロジックで、校則は学校と児童生徒との「契約」だから守らなければならないという「在学契約論」があります。

公立の小中学校の場合は児童生徒に学校を選択する余地はほとんどありませんが、私立学校や高等学校においては、基本的にどこの学校に入学を希望するかは、生徒と保護者の意思で選択できます。その学校がどのような教育方針や教育内容を持ち、どのような決まり（校則）があるのかも、ある程度承知した上で入学を希望したのだから、それは双方合意して「契約」を結んだのと同じなので、その学校の教育や教師の指導に従うのは当然だ、という考え方です。

皆さんは、高校に入学したときに、学校に提出する様々な書類の中に宣誓書（誓約書）が入っていたのを覚えているでしょうか。この宣誓書（誓約書）には、「この学校に入学したからには、この学校の規則を守り、生徒の本分を尽くします」などが書かれていて、そこに入学者本人と保護者が署名捺印するようになっていたはずです。ある意味、これが学校と入学者（その保護者）との契約書になっているのです。

私立学校の場合は、先の「特別権力関係論」は適用できませんが、学校と生徒との関係は「附合契約」（契約内容が当事者の一方によって決定されており、他の当事者は契約内容を変更する自由がない契約）に基づくとされていますし、公立高校の場合もこの宣誓書（誓約書）によって、私立学校と同様の契約関係が結ばれていると解されています。

このように「特別権力関係論」「部分社会論」にしても、そして「在学契約論」にしても、その学校に入学した生徒は、その学校の決めた校則を守らなければならないし、教師の指導や命令には従わなければならないという点では変わりありません。けれども、本当にそうなのでしょうか？

●校則は全てが「合理的なもの」なのか

一般的な「法律」は、憲法の下、国会において国民から選ばれた代表者である国会議員による審議によってその新設や改廃が決められます。では、学校の校則は、誰が、どのように決めているのでしょうか？

校則をめぐっては、その内容が憲法違反ではないかとして裁判になったことがあります。有名な「熊本丸刈り校則訴訟」は、熊本県下の町立中学校に入学した生徒と両親が「丸刈り、長髪禁止」という校則の服装規定について、憲法 14 条（平等権）、21 条（表現の自由）、31 条（適正手続）に違反するとして、その無効を求めて熊本地裁に訴えたものです。この訴えに対して、熊本地裁は 1985 年 11 月、校則は憲法のいずれの条文にも違反していないとして生徒側の訴えを棄却しました。

同地裁は、「校則は各中学校において独自に判断して定められるべきもの」として、中学校長が、教育目的実現のために、生徒を規律する校則を定める包括的権能を有することを前提に、「教育を目的として定められたものである場合には、その内容が著しく不合理でない限り、右校則は違法とはならない」としています。

しかしながら、中学校長のその権能は、「無制限なものではありえず、中学校における教育に関連し、かつ、その内容が社会的通年に照らして合理的と認められる範囲においてのみ是認されるものである」としています。結局、同地裁は「中学生の丸刈りを校則で強制することは、社会的通念に照らして合理的と認められる範囲内」であり、「著しく不合理なものである」という判断はしませんでした。

校則をめぐる裁判には「熊本丸刈り訴訟」以外にもいくつかありますが、いずれも司法の判断として「学校は教育目的を達成するために必要かつ合理的範囲内において校則を制定し、児童生徒の行動などに一定の制限を課すこと」ができ、「社会通念上合理的と認められる範囲で、校長は校則などにより児童生徒を規律する包括的な権能を持つ」とされています。

しかし、本当に校則として決められている決まり（ルール）は、全て「合理的なもの」と言えるのでしょうか？

学校という場所も一つの社会であり、集団です。そこには集団として守らなければならない秩序やルールが必要なのは言うまでもありません。校則の中には、そのような意味において必要で、合理的に説明ができるものも少なくないと思います。

しかし一方でブラック校則と呼ばれるような「一般社会から見れば明らかに不合理で理不尽な校則」もいまだ存在するのではないでしょうか。そして、そのようなブラック校則を、教師の不合理で理不尽な指導によって強制的に守らされてきたという人も少なくないと思います。

また、ブラック校則の問題だけでなく、そもそも校則の存在そのものに、いくつかの疑問点や不合理なところがあるように思われます。

学校において校則は、まるで法律のように、児童生徒に対して「守るべき決まり」として指導されていますが、校則を法的に根拠づける法律はありません。児童生徒が校則を守らなければならない義務があるとしても、どのような根拠でそれを守らせる拘束力があるのか、その強制力の行使の手続きや限界については必ずしも明らかではありません。

もし校則が法律と同じようなもの（法規的性格）を持つものであるならば、当然、法律と同様にその改廃のルートや手続きが明文化されていなければなりません。しかし、おそらくほとんどの学校の校則には、そのようなものが決められていたり明文化されてはいないと思います。

法律ならば、国民がそれを必要だと思ったり、不都合だから変えてほしい・廃止してほしいと思えば、国会の審議によって制定したり改廃したりすることができます。しかし、校則については、誰がどこでどのように決めたのかも不分明ですし、それを守らされている児童生徒が、それについて不利益や不都合を感じたとしても、その校則の改廃を求めるルートも手続きもないのです。

多くの教師たちは、なぜ校則を守らなければならないのかという理由について、「校則で決まっているから守らなければならないのだ」という説明をしています。しかし、児童生徒たちにとってはそれで納得できるものではなく、結局はどんなに理不尽な校則であっても、それが校則として決められている以上、自分たちの意思で変えることはできず、ただ黙って守らなければならないのだということを、教師の説明から学んでしまっているのではないでしょうか。

●校則よりもブラックな「守らせる指導」

校則（生徒心得）には、学校で生徒が守らなければならない決まりについて書いてありますが、そのすべてが不合理でブラックなものではなく、児童生徒として当たり前に守らなければならないものも少なくないと思います。むしろブラックなのは、校則よりも、その校則を守らせようとする教師の指導ではないでしょうか。

学校において校則は、児童生徒に対して守るべき決まりとして指導されています。児童生徒が校則を守らなければ、教師から注意されたり、怒られたりします。

教師の指導は、本来はあくまでも児童生徒の同意を前提として、説諭や説得によって児童生徒を教育的に一定の方向へ導くものとされています。しかし、教師が児童生徒に対して行っている校則の指導は、指導というより、ほとんど懲戒（事実行為としての懲戒）になっているのではないでしょうか。

懲戒とは非違行為をした者に対して制裁を加えるものとされています。

児童生徒が校則を守らないと、非違行為を行ったとして教師から注意や叱責され、「すぐに直しなさい」と命令されますが、これらは全て懲戒にあたると思います。

校則指導が、児童生徒たちにとって厳しい・うるさいものとして感じられているのは、それが教師の指導としてではなく、懲戒として受け取られているからではないでしょうか。

学校における教師の懲戒については、学校教育法第11条に「教育上必要な時に」行うことができると定められていますが、同施行規則第26条には、懲戒を加えるにあたっては「児童等の心身の発達に応ずる等教育上必要な配慮をしなければならない」とされています。また、教師の懲戒は児童生徒の権利を制限したり侵害したりする可能性があるので、その行使にあたっては「適正な手続きの原則」が保障されなければならないとされています。

しかしながら、ほとんどの教師は、校則の指導を懲戒とは認識しておらず、それが教育的な指導であると思って行っています。従って、どのような行為が指導の対象となり、どの程度の指導を加えるべきかという基準も判断も、すべてその教師の恣意的な判断に任されているのです。

そのことによって、懲戒権の行使であるならば保障されるべき「適正な手続きの原則」について考慮されることなく、事実確認や本人への事情聴取がきちんと行われず、そのような指導になる理由についてもきちんと説明されないということが起こります。

こうしたことから教師の校則の指導は、児童生徒の側に「これくらいのことで、なんでこんなに怒られるのか」「なぜ私だけが怒られるのか」という理不尽感・不公平感をしばしば抱かせてしまいます。

●「服装の乱れは、心の乱れ」なのか

学校における教師の校則指導で、もっとも厳しいのが服装と頭髪の指導です。大学生たちの生徒指導のイメージ調査でも、この二つは必ず上位に入ってきます。全国ほとんどの中学校・高校の校則には、服装と頭髪に関する細かな決まりが制定されています。不思議なのは同じ学校でも、ほとんどの小学校と大学には服装と頭髪に関する細かな決まりがないことです。

なぜ中学生と高校生だけが、厳しく服装と頭髪を指導されなければならないのでしょうか？

中学・高校では、生徒が服装と頭髪の細かな決まりからちょっとでも逸脱したら、教師から厳しく指導されます。例えば、前髪が1cm長くて眉毛にかかったらダメとか、スカートの長さが規定より1cm短かったらダメとして、直すように厳しく指導されます。これくらいのことで、なんで厳しく怒られなければならないのか、と思った人も多いはずです。

それに対して、教師の側からよく言われるのが「服装や頭髪の乱れは、心の乱れからだ」ということです。つまり、前髪が1cm長い、スカートが1cm短いという頭髪・服装の逸脱が問題というより、そのような行為をしてしまう心の乱れが問題であり、その心の乱れが教師の指導（懲戒）の対象となるということです。

ここでいう「心の乱れ」とは、どのようなことを意味するのでしょうか？

それは、「決められた基準を守らないいい加減さ、わがまま、学校や教師への反抗心」であり、そのような「心の乱れ」は、非行の芽となるということです。

学校現場で、教師たちはよく「非行の芽は早いうちに摘まなければならない」と言います。つまり、このような児童生徒の服装・頭髪の決まりに対する小さな逸脱（非行の芽）を見逃すと、それば次第に増長して生徒が本当の非行に走ったり、教師の言うことを聞かなくなってしまうかもしれないという、教師の不安と恐れがあるのです。

校則指導において、頭髪の1cm、服装の1cmの逸脱を教師が指導するのは、服装・頭髪の乱れの背景にある（かもしれない）非行の芽を摘み取ることなのです。つまり、ここで教師が指導の対象と思っているのは、服装・頭髪の逸脱違反の根底にある生徒の内面の考え方や人間性なのです。口の悪い教師が「お前の甘えた性根を鍛え直してやる」と言うのは、生徒の外面だけでなく、その内面をも指導しようとすることの現れかもしれません。

しかし、生徒の外面（服装・頭髪）を指導することが、本当に生徒の内面にある（とされる）非行の芽を摘むことになるのでしょうか？

教師の間では、「校則を厳しく指導しないと、学校が荒れる」とよく言われています。

学校内に、服装・頭髪の校則を守らない生徒が一人でも出たなら、その生徒を早いうちに指導して校則を守るようにさせなければ、服装・頭髪の逸脱する生徒が次々と増殖して、そのうち学校が荒れて大変なことになってしまうということです。

ミカン箱の中に腐ったミカンが一個でもあると、それを放っておくと腐敗が広がっていき、全部のミカンが腐ってしまうという「腐ったミカンの方程式」です。前述の「服装の乱れは、心の乱れ」という話と似ていますが、服装・頭髪を逸脱する生徒が持っている非行の芽を見逃してしまうと、その非行の芽が他の生徒にも伝播して、そのような非行の芽を持った生徒たちが増殖するということです。

このことが、教師の校則指導において基本的に例外は認めないという厳しい指導の根底にあるように思われます。服装・頭髪を逸脱した一人の生徒を指導することは、その周りにいる全ての生徒（もしかしたら服装・頭髪を逸脱するかもしれない生徒）たちも指導するということなのです。

なぜ教師たちはそのように考えるのでしょうか。それは1980年代に全国的に広がった校内暴力の時のトラウマではないかと思います。1970年代の後半から全国各地の学校に出現した「つっぱり生徒」たちは、明らかに意図的に校則を逸脱したスタイルを取り、教師の指導に反抗して問題行動を繰り返して学校を荒らしました。

この時に学校の教師たちは、この事態を未然に指導して防ぐことができなかったことがトラウマになったのだと思います。小さな服装・頭髪の乱れ、たった一人の校則違反の生徒を見逃すことが、「アリの一穴」のように、そこから学校が荒れて大変なことになるかもしれないという、教師のトラウマによる不安と恐れが、厳しい校則指導の根底にあるように思います。

●文部省が校則見直しを指導、効果は？

1980年代半ば、頻発する校内暴力を体罰と校則による管理主義で鎮圧した学校側に対して、生徒や保護者たちが疑問の声を上げました。体罰や校則をめぐる裁判が次々と起こされ、日弁連や人権擁護団体なども児童生徒への人権侵害を問題にしたことなどから、世論の流れも少しずつ変わっていきました。

さらに1988年3月に静岡県内で起きた「髪型違反生徒の卒業アルバム外し事件」が社会的な問題になったこともあり、文部省は同年4月、都道府県教委の担当課長を集めた会議で、初等中等教育局長が校則の見直しを指導するよう求めました。その際の視点として「現在の校則には①絶対に守るべきもの、②努力目標というべきもの、③児童生徒の自主性に任せてよいものが混在しているのではないか」と述べ、校則の内容には必要でないものも含まれていることを示唆しました。さらに「校則違反があった場合に、当該児童生徒の身分上の措置の問題等」について、「統一的な対応方針をあらかじめ全教職員の共通理解として持って」いなければならないとしました。

続いて1990年にも文部省は「生徒指導の取組にあたっての留意点」として「校則の内容及び運用の見直し」を強く求めるとともに、校則見直し状況を把握するための全国調査を行い、翌年その結果を発表しました。調査の報告書では、「校則内容の見直しは、継続して取り組むことが大切」とし、「校則は、一度見直したからそれでよいというものではない。学校を取り巻く状況や生徒の状況も変化する。よい意味でも校則の内容はたえず積極的に見直されなければならない」としています。

日本の学校教育を常に上から厳しく監督・管理しているとされる文部省が、こと校則の問題については、この当時、学校に対して「見直しをしなさい」と指導したのです。これによって、実際にどれだけの学校で校則の見直しが行われ、児童生徒への校則の指導のあり方が変わったかは不明ですが、これ以降、学校の中で大きな声で「とにかく校則で厳しく指導しなければならない」と語られることが減っていったことは確かです（校則による指導が甘くなったり、不合理な校則がなくなったわけではありませんが……）。

●校門の前で「立ち止まった」子どもの権利条約

1989年、国連で「子どもの権利条約」が採択されました。日本がこの国際条約を批准したのは5年後の1994年ですが、この間に日本の学校現場から聞こえてきたのは、「こんな条約を批准されたら学校での児童生徒の指導がやりにくくなる」という声でした。

国連の「子どもの権利条約」の基本理念は、子どもの人権を大人の人権と同じように、「思想良心の自由」「表現情報の自由」「意見表明」などの権利をきちんと保障しなければならないというものです。そして、条約を批准することは憲法と同じように、国内法や行政過程に対して法的拘束力を持つことになります。これに対して、日本の学校現場では、これを批准されては、それまでのように校則によって児童生徒の権利を制限できなくなるのではないかという懸念と不安が広がったのでした。

これに対して日本政府と文部省は、「子どもの権利条約を批准しても、国内法を変える必要はないし、校則についてもこれまでどおり運用し指導してもかまわない」という見解を示したのでした。これによって安堵した学校や教員は少なくないと思います。

しかし、「子どもの権利条約」の第28条には、「締約国は、学校の規律・懲戒(school discipline)が児童の人間の尊厳に適合する方法で及びこの条約に従って運用されることを確保するためのすべて適当な措置をとる」となっており、この条約を批准したことは、当然、これに従って校則の内容や運用を見直さなければならなかったのです。

しかし、「子どもの権利条約」は、日本の学校の校門の前で立ち止まらざるを得なかったのです。

「子どもの権利条約」を批准した国は、定期的に国連に報告書を提出し、「子どもの権利委員会」による審査を受けなければなりません。1998年6月の第1回の報告書審査に基づく最終見解において、日本は、「子ども一般が、社会のすべての部分、特に学校制度において、参加する権利(第12条)を行使する際に経験する困難について懸念する」という指摘を受けました。

さらに、2004年2月の第2回の最終見解では、「社会における子どもに対する伝統的態度が、家庭、学校、その他の施設や社会全体において、子どもの意見の尊重を限定的なものとしていることを引き続き懸念する」との指摘を受けました。

このような指摘は2010年の第3回、2018年の第4回・第5回の最終見解でも、繰り返し同様の指摘がなされています。まさに日本の教師風に言うと「何回言ったら分かるんだ！」ということになります。

ブラックな校則を守らされるのは児童生徒たちです。そして教師から理不尽なブラックな校則を指導されるのも児童生徒たちです。その一番の当事者である児童生徒たちの声や意見を聞かないで、どうやって校則を見直していくことができるのでしょうか？

わが国は「国連子どもの権利委員会」からも、「子どもに影響する全ての事項、家庭、学校などにおいて、子どもの意見の尊重と子どもの参加を促進し、助長するとともに、子どもにこの権利を確実に認識させること」が繰り返し指摘されているのです。

校則が、学校と児童生徒と保護者との間の契約だというならば、少なくとも入学前に、その学校の校則の内容について児童生徒と保護者に開示する必要があると思います。さらに、入学時には、同様にその学校の校則の内容や運用や指導の基準について説明し、児童生徒と保護者の質問や意見を聞いた上で、同意と承認を求めるべきです。

文部省の校則の見直しの指導でも、「校則の見直しにあたっては、生徒や保護者の側からの意見や要望が表明され、学校・教師側との協議と合意によって、校則の見直し内容の検討と修正がおこなわれるべき」であるとされています。

校則が法律と同じような決まりであるならば、その決まりは、学校側とそれを守らなければならない者との間で常に協議し、もし不合理な点、不都合な点があれば、それを見直し改廃できる手続きが確立されていなければなりません。校則の制定や改廃の権限が一方的に学校側にあり、児童生徒・保護者の意見や要望は「聞き置くだけ」というのであれば、それは本当の意味での見直しにはなりません。

「子どもの権利条約」の理念と条文、「国連子どもの権利委員会」の見解に基づくならば、まずは児童生徒の意見表明権と自己決定権をきちんと保障する手続きの整備が不可欠です。本来ならば、児童会や生徒会が、そのような機能を果すべきでしょうが、今の日本の学校では、残念ながらそうはなっていません。また、本来は保護者の意見や要望が表明される機関としてあるべきＰＴＡも、そのような機能を果せるようにはなっていません。

しかし、全国的にいくつかの先進的な学校で取り組まれた生徒・保護者・教員による「三者協議会」の実践などは、このような校則の改廃のためのルートや手続きを確立していくための参考となるのではないでしょうか。

いずれにせよ、校則をはじめとする学校における様々な決まりは、あくまでも児童生徒たちが学校で学ぶことによって健やかに成長・発達していくことができる学習権を保障するためにあるものとして、児童生徒・保護者と学校・教師が一緒に考えていく必要があると思います。

●ブラックな校則・校則指導を変えていくために

2017年に大阪府立高校の女子生徒が訴えた「黒染め校則」問題は、その後ブラック校則として大きな社会問題となりました。それは、同時に1980年代に問題となった校則問題が、その後40年近くたっても日本の学校現場に深く根を張り続け、さらに増殖し続けていることを明らかにしました。

この事件を受けて同年12月には「ブラック校則をなくそう！プロジェクト」が発足し、インターネットを中心に発信するとともにブラック校則についてのネット調査を実施し、その実態を明らかにしました。さらに「ブラック校則見直し」を求める署名運動も行い、2019年8月に6万人の賛同署名を文部科学大臣に提出しました。

これまでの「ブラック校則追放運動」は、理不尽な校則を厳しく指導している学校や教師を批判するものが多かったように思います（特に1980年代には）。ややもすれば「生徒・保護者対学校・教師」という対立の構図になりがちでしたが、今回の動きはこれまでと違って、教師のブラック残業やブラック部活動といった、教師たちが置かれている理不尽で過酷な労働状況についても同様に問題とされているところに特徴があります。教師を一方的に責めるのではなく、教師もまた、今の学校のブラックな状況の中で悩み、苦しんでいることを理解しようというスタンスは非常に重要だと思います。

私自身を含めて、ほとんどの教師たちは校則指導をやりたくてやっているのではないのです。校則や校則指導について、それが正しく合理的で真に教育的なものであると確信をもって指導している教師はどれくらいいるのでしょうか？むしろ、納得できないまま、不合理さを感じながらも、仕方なく校則指導をしている教師は少なくないはずです。

ブラックな校則と校則指導を変えていくためには、なぜこのような校則指導による生徒指導がいまも学校で行われているのか、教師たちは、それが理不尽なものであると感じていながらも、そのような指導に取り組まざるをえないのか、その根本的な原因と構造を解明していく必要があります。

ブラック校則にとどまらず、今の学校のブラックな側面（教師の労働状況を含んで）の根本的な原因と構造の課題を、教育関係者だけでなく児童生徒や保護者、さらには市民も含めて共有し、その解決にむけての論議と連帯を広げていかなければならないと思います。

第７章

非行とつっぱり

●非行に該当するものは？

以下の事項の中で、あなたが非行に該当すると思うものはどれですか？

①授業中の居眠り・おしゃべり
②授業妨害・立ち歩き
③学校（授業）の遅刻・欠席（正当な理由なしの）
④教師の指導・指示に従わない
⑤カンニング（テストでの不正行為）
⑥制服の改造（違反制服の着用）
⑦頭髪の脱色・着色・パーマ
⑧校舎内の器物破損・破壊
⑨生徒間のいじめ行為
⑩教師への暴言・反抗
⑪夜遊び（深夜徘徊）
⑫無断外泊
⑬家出
⑭不純異性交遊
⑮喫煙・飲酒
⑯万引き
⑰放置自転車乗り逃げ
⑱金銭強要
⑲シンナー乱用
⑳窃盗（空き巣など）
㉑暴走行為（車、バイクなど）
㉒暴力行為・傷害
㉓覚せい剤
㉔恐喝
㉕強盗
㉖強姦
㉗放火
㉘殺人

非行とは、いったいどのような行為をなすことなのでしょうか？

ウィキペディア（Wikipedia）によると、非行とは「一般的に、違法行為、あるいは違法ではなくても、習慣的規範に照らして反社会的とみなされる行為のことをいう。（中略）法律的な意味では青少年における『非行』をさすことが多い」としています。つまり非行は、少年（20歳未満）による違法行為、あるいは反社会的な行為として使われることが多く、一般的には少年非行と呼ばれます。

少年法では少年非行を未成年者によってなされた犯罪行為、及びこれに類する行為と社会的に判定された行為としています。そして、こうした行為を行った非行少年を「犯罪少年」「触法少年」「ぐ（虞）犯少年」に分類しています。

---

❶犯罪少年＝14歳以上20歳未満で、刑罰法令に触れる行為をした少年

❷触法少年＝14歳未満で、刑罰法令に触れる行為をした少年

❸ぐ犯少年＝20歳未満で、刑罰法令には該当しない一定の不良行為があり、その性格又は環境に照らして将来罪を犯し、または刑罰法令に触れる行為をするおそれがある少年

ここで❶の犯罪少年と❷の触法少年は年齢の違いはあっても刑罰法令に触れる行為をしたということですので、前ページの⑯～㉘の行為が非行ということになります。犯罪少年は原則として家庭裁判所に送致されて、少年審判が行われます。触法少年はこのような行為をしても刑事責任を追及されることはありませんが、補導や保護の対象となります。

ここで問題なのは❸のぐ犯少年の場合です。⑪～⑮の行為は刑罰法令に触れているわけではありませんが、このような行為を繰り返し、以下のような性向があると認められた場合は補導の対象となり、場合によっては家庭裁判所に送致されたり福祉事務所・児童相談所に通告される場合もあります。

▽保護者の正当な監督に服しない性癖のあること
▽正当な理由なく家庭によりつかないこと
▽犯罪性のある人もしくは不道徳な人と交際し、又はいかがわしい場所に出入りすること
▽自己又は他人の属性を害する行為をする性癖のあること

つまり、将来、犯罪を犯す可能性があるとみなされた少年がぐ犯少年とされるのです。「ぐ（虞）」というのは「おそれがある、可能性がある」ということです。非行少年には、刑罰法令に触れた行為（犯罪）を犯した少年だけでなく、将来犯罪者になる可能性がある少年も含まれているのです。

「非行少年とは（中略）当該行為の背景にある何ものか－性格とか性癖など－が法律的にはむしろ明文化されていない何か規範的なものから逸脱しているがゆえに裁かれる少年たちである」（大村英昭・大阪大名誉教授、2002年）

非行とはたんに刑罰法令に触れた犯罪行為のみを指すのではなく、必ずしも法律違反でなくとも、将来、社会や集団から逸脱し、犯罪者となる可能性があるとみなされる行為のことを指すのです。

●学校でやってはいけないこと＝学校非行

さて、98ページ一覧表の①から⑩の行為を非行に該当すると思った人はいるでしょうか？

これくらいは自分もやったことがあるし、とても非行とは言えないという人もいると思います。ところが、これはすべて学校の内部では「やってはいけないこと」、すなわち学校における非行になるのです。

非行には、反社会秩序行為である「社会非行」と、反学校秩序行為である「学校非行」があるとされています。①～⑩の行為は、学校という組織・集団における基本的秩序と習慣的規範を逸脱する行為、あるいは逸脱するおそれのある行為であり、これらを「学校非行」と言うことができます。

これらの行為は、すべて教師から注意される行為であり、生徒指導＝懲戒の対象となる行為です。特に⑧～⑩の行為は、程度によって「特別指導」

として職員会議で審議され訓戒・停学（家庭謹慎）などの処分を受けることになります。

学校教育法第11条では校長・教師が、教育上必要があると認めるときは児童・生徒に懲戒を加えることを認めています。また、「退学、停学などの法的処分としての懲戒」について、学校教育法施行規則第26条２項で「懲戒のうち、退学、停学及び訓告の処分は校長が行う」としています。さらに同３項で、退学の対象となる者を以下のように定めています（公立の小中学校は除く）。

▽性行不良で改善の見込みがないと認められる者
▽学力劣等で成業の見込みがないと認められる者
▽正当な理由がなくて出席常でない者
▽学校の秩序を乱し、その他学生又は生徒としての本分に反した者

義務教育では、このような「法的処分としての懲戒」は認められていませんし、高校でも現在はほとんど行われていません（謹慎という名の停学や、自主退学を促すことはありますが）。つまり、いまの学校で行われている懲戒は、ほとんどが「事実行為としての懲戒」として行われているのです。そして、その「事実行為としての懲戒」の対象となる非行が①〜⑩の行為であり、それが学校非行なのです。

これらの行為ほとんどは、法律に違反するような行為ではありません。しかし、これらの行為の全てが、学校で児童生徒は「やってはならない行為」なのです。そのような学校の中でのルールを守らないことを繰り返すことは、そのままでは将来「法的処分としての懲戒」の対象者となる可能性がある者とみなされてしまうのです。

ぐ犯少年が、必ずしも刑法に触れた行為をしていなくとも、将来犯罪を犯す可能性があるとして非行少年とされるように、学校で①〜⑩の非行を行った場合に、教師から注意などの「事実行為としての懲戒」を受けるのは、そのままだと将来「法的処分としての懲戒」の対象者となる可能性があるとみなされるからです。

学校における非行少年とは、「法的処分としての懲戒」の対象となる生

徒だけではなく、学校において「やってはならない」という規範的なものから逸脱している児童生徒を言うのです。

教師がよく使う言葉に、「服装や頭髪の乱れは、心の乱れ」というのがあります。服装や頭髪の決まりを守らずに違反を繰り返す生徒が、教師からそのことを強く指導されるのは、その違反行為自体が問題なのではなく、その違反行為の背景にある性格とか性癖などによって、学校という規範から逸脱しようという心をもっている可能性があるとみなされるからではないでしょうか。

●「可能性」としての非行

このように非行というのは、その行為自体だけではなく、その行為の背後にある「非行への可能性」も意味しているのです。

少年非行で、犯罪少年と触法少年が行う非行は、明らかな「触法（刑罰法令に違反する）行為」となりますが、ぐ犯少年では、触法行為とは言えない「犯罪の前段階の行為」が非行とされるのです。そのような行為を繰り返し行うことで、ぐ犯少年は、将来、罪を犯す可能性があるということで非行少年とみなされるのです。

さきほどの一覧表でいえば⑳～㉘の行為は、明らかな犯罪行為であるとして、場合によっては逮捕されたり送検されたりします。しかし、⑯～⑲の行為は触法行為ですが、それだけで逮捕されたりすることはほとんどなく補導の対象となる不良行為とされています。さらに、⑪～⑮の行為は、本人が触法行為として罰せられることはないのですが、将来、罪を犯す可能性があるとして、少年法上の非行とみなされるのです。

ここに、少年非行の特殊性があると思います。大人の犯罪であれば、過去に行った触法行為だけが問題となって法的処分の対象となりますが、少年非行の場合は、過去に行った「犯罪の前段階の行為」によって、「将来、罪を犯す可能性がある」とみなされてしまうのです。

同じような構図が、学校における非行（学校非行）においても見ることができます。学校において①～⑩の行為を繰り返すことは、「将来、犯罪や不良行為を行う可能性がある」とみなされるのです。非行は、問題となる行為だけでなく、その前段階の行為も問題とされるのです。そういう意味でこれらの行為全てが、学校非行になるのです。

一方、学校ではこのような学校非行のことを問題行動とも呼んでいます。

このような児童生徒の問題行動が大きな教育問題として注目されたのは1960年代以降です。1965年に文部省が発行した「生徒指導の手びき」において、児童生徒の問題行動としてあげられているのは、①盗み、②暴力行為、③性非行、④飲酒・喫煙、⑤薬物乱用、⑥暴走族、⑦家出、⑧自殺です。

さらに、2010年に文科省が発行した「生徒指導提要」においては児童生徒の問題行動として、①喫煙・飲酒・薬物乱用、②少年非行、③暴力行為、④いじめ、⑤ネット問題、⑥性の問題、⑦自殺、⑧児童虐待、⑨家出、⑩不登校、⑪中途退学をあげています。

●高度成長期以降の非行の変容と学校

戦後の日本における少年非行の動向には、大きく四つの波があったとされています。

▽第1の波（1951年ピーク）—生活型・現実反抗型（古典的非行）
▽第2の波（1964年ピーク）—遊び型（非行の一般化・低年齢化）
▽第3の波（1983年ピーク）—攻撃型・自己破壊型（暴力と性）
▽第4の波（1998年ピーク）—突発型・凶悪型

第4の波以降は次第に沈静化しており、現在は少年における刑法犯の発生は戦後最低レベルとなってきました。一部では「すでに非行少年は死語になったのではないか」とさえ言われています。

日本の学校において児童生徒の非行が大きな問題となったのは、高度成長期真っただ中の1960年代からだとされています。もちろん、それまでも非行に走る児童生徒は少なからずいたと思われますが、圧倒的に多数の非行は学校に行っていない非行少年が犯すものであり、たとえ学校に行っている児童生徒であっても、その非行のほとんどは学校の外で行われていました。従って1960年代以前は、非行は学校の中の大きな問題としては、教師も親も、そして社会全体も考えてはいなかったのです。

ところが、1960年代に入って学校における非行がクローズアップされてきたのは、一つは児童生徒による非行が多発するようになってきたこと、そしてもう一つの理由は、学校の中においても児童生徒が非行を行うようになってきたことです。高度成長期の1964年をピークとした非行第2の波の特徴として、以下のようなものがあげられています。

▽「普通の子」も非行に（一般化）—全体の４分３は両親がいる、生活程度は８割が中流
▽遊び型（初発型）非行の増加—喫煙・飲酒・万引きが多い。繰り返すうちにエスカレートしていく傾向
▽低年齢化と女子非行の増加
▽罪の意識が低い（非行へのハードルが低くなった）
▽一過性か初発性か—普通の子に戻るのか、非行少年になっていくのか

学校での非行の増加に対して、教師たちもその対応に迫られました。非行に走ってしまった児童生徒への指導や、非行を未然に防ぐための指導が、生徒指導の大きな仕事の一つとなったのです。このような事態になっていった原因の一つには高度経済成長による社会変動によって地域・家庭の様相が大きく変容したことがあります。特に急激な都市部への人口集中と核家族化の進行は、地域と家庭の教育力を低下させ、子どもたちの成長にも影響を与えたと言われています。

非行の第2の波が、学校の中にまで押し寄せてきたことによって、学校における生徒指導の考え方が大きく変わっていくことになりました。もともと生徒指導という言葉は、戦後のGHQ主導による教育改革によってアメリカの「ガイダンス理論」の導入がはかられ際に「ガイダンス」の日本語訳として充てられたものでした。その本来の意味からいうと、今の進路指導や教育相談という考え方に近いものだと思います。

文部省は1949年にガイダンスの手引き書として小学校用の「児童の理解と指導」と中学・高校用の「中学校、高等学校の生徒指導」を刊行しました。ところが、その後10年以上、文部省は生徒指導についての手引書

や資料をほとんど出すことなく、学習指導要領でも生徒指導については詳しく記述されることもありませんでした。

文部省が初めて本格的に生徒指導について、その意義や目的、方法について具体的な見解をまとめて刊行したのが「生徒指導の手びき」(1965年)でした。文部省がこの「手引き」を出したのは、1960年代に入って高校への進学率が上昇し大衆教育社会化が進展する中で、児童生徒が多様化するとともに、学校の教育活動に不適応をおこす児童生徒たちが出現し、児童生徒たちの非行・問題行動などへの対応に、学校が向き合わざるをえなくなってきたからだと思います。

「生徒指導の手びき」のまえがきには、そのあたりの事情について以下のように書かれています。

時代の進展とともに、中学校、高等学校の教育課程はかなり程度の高いものとなってきているが、一方中学校は義務教育であり、高等学校への進学率は70%を越えるにいたっており、今日のわが国の中等教育は、能力、適性、特性、進路などにおいて多用な生徒が対象となっている。（中略）なお、近時生徒の非行や問題行動が増加の傾向にあり、これは学校教育としても重大な関心事でなければならない。非行対策は、本来生徒指導の消極的な面であるが、学校における考え方や扱い方に時には誤りも見られるし、当面の大きな問題でもあるので、本書においては、この問題についても重点的に取り上げた。

さらに、「生徒指導の手引き」本編の第１章第１節においても非行について記述しています。

現在の学校教育、特に中学校や高等学校の教育において、生徒指導の充実、強化が強く要請される根拠として、青少年の非行の増加—年少者・生徒の増加、粗暴化、集団化等—の現象とそれに対する対策があげられるが、生徒指導の意義は、このような青少年非行の対策といったいわば消極的な面にのみあるのではなく、積極的にすべての生徒のそれぞれの人格のよりよき発達をめざすとともに、学校生活が生徒の

ひとりひとりにとっても、また学級や学年、さらには学校全体といったさまざまな集団にとっても、有意義に興味深く、そして充実したものになるようにすることを目ざすところにある。このような目標を忠実に追求していけば、それは自然に非行化の防止としての効果をあげることにもなるのである。それぞれの生徒の人格の、より正常な、より健康的な発達の助成のために必要な教育活動としての生徒指導の原理は、いろいろな形態の生徒の集団の指導にも、また非行に走る可能性のある生徒の指導にも、さらには、非行の兆候を示している生徒の指導にも通ずるものであり、また、そのような原理にたつ生徒指導を考えなければならない。

ここには､のちに文科省の生徒指導の定義となる「人格のよりよき発達」とか「学校生活が有意義で充実したものになるようにする」というような生徒指導の積極的な面での意義を提示しながらも、現在の生徒指導にとっては、非行の増加とその深刻化への対応が、重要な課題であることが示されています。

「生徒指導の手びき」では、「消極的生徒指導だけではなく積極的生徒指導を」とか、「問題解決・治療的生徒指導だけでなく開発的生徒指導へ」という表現が繰り返されています。それは、逆に言うと学校現場での生徒指導が非行･問題行動への対応に追われるようになり、消極的で問題解決･治療的なものが中心となっていることの反映だったのではないでしょうか。

この時期において、文科省における生徒指導の捉え方は、明らかにガイダンスから非行・問題行動への対応を含むものへと変容していきました。

●つっぱりという名の非行少年たちの登場

つっぱりという特異なスタイルの中学生・高校生たちが出現したのは、1970年代からのように思います。1970年代後半から1980年代前半の校内暴力の時代に、爆発的に全国に広がりましたが、1980年代の後半からは次第に減少し、1990年代ではほとんど絶滅危惧種のようになって、かなり地方の学校に行かなければ発見できなくなりました。現在では、もう日本のどこの学校でも見ることはできず、その特異なスタイルは「氣志團」

というロックグループのパフォーマンスでしか見ることができなくなってしまいました。

つっぱりという特異なスタイルとその独特の行動様式としては、次のようなものがあります。

---

①独特のヘアスタイル―リーゼントを基本として、前髪を前方に突き出す形に固めてひさしのようにする独特の「つっぱりヘアスタイル」

②独特のファッションスタイル―変形学生服を着用する。学生服（学ラン）の上着の丈を短くしたもの（短ラン）や長くしたもの（長ラン）、スボンをダブダブにしたもの（ボンタン）。女子学生では異常に長いスカート

③独特の行動様式―反学校・反教師的態度と行動をとる。自由な登下校（遅刻、中抜け、早退、無断欠席）。授業への不参加（私語、居眠り、騒ぐ、食べる、立ち歩き、出入り）

④校則を守らない―頭髪の変形・加工、制服の変形・加工、カバンの変形・加工や、学校に持ってきてはならないものの持ち込み

⑤学校内での非行―校内（トイレ、教室、校舎の裏等）での喫煙、カツアゲ・カンパ（恐喝）、暴力行為（殴る・蹴る）や破壊行為（備品や校舎）

⑥校外での非行―喫煙・飲酒、万引き、カツアゲ・カンパ、暴力行為、無免許運転

⑦集団化―グループ（つっぱり軍団）を形成して群れて行動する。必ずしも組織化されているわけではないが、その中で「つっぱりのレベル（反学校・反教師的態度と行動のレベル）」によるヒエラルキー（階層・上下関係）がある

●暴走族とつっぱりグループ

戦後間もなくの少年非行第１の波の時代において、非行少年たちは、「愚連隊」「チンピラ」というような独特のスタイルと行動様式を持つ集団を形成しましたが、それはあくまでも学校の外のことでした。学校の中での

非行少年といえば、番長グループと呼ばれる校内における暴力的な裏組織がありました。番長と呼ばれるボスを頂点としてある程度組織化され、時には他校の番長グループとの対立・抗争もありました。

そのような番長グループは、後のつっぱりグループのようには、それほど反学校的・反教師的ではなかったように思われます。学校や教師の側も、彼らを無理やり弾圧したり排除したりせず、むしろ度を過ぎない程度であれば学校内における彼らの権力的・暴力的な行為や上下関係を見て見ぬふりをしていたところもありました。また、彼ら自身も、これ以上はやらないという、限界をわきまえていたところもあったように思います。少なくとも、積極的に学校の基本的な秩序を混乱させようとか、教師の権威や指導に完全に否定して逆らおうということはなかったのではないでしょうか。そういった意味で、番長グループとつっぱりグループは大きく違っていました。

つっぱりグループの元祖は、むしろ暴走族であるように思われます。

1970年代に入ると、バイクや車によって暴走行為をする暴走族が登場してきました。それまでも、カミナリ族とかサーキット族と呼ばれるような暴走行為をする若者たちがいましたが、暴走族はその独特のスタイルと行動様式において大きな違いがありました。

カミナリ族やサーキット族は、車を自分で買うことが出来たり親に買ってもらえるような、経済的に恵まれていた若者が多かったのに対して、暴走族に集まってきた多くは中卒で社会に出ている者、高校を中途退学した者たちだったと言われています。彼らは、自分で稼いだお金で買ったバイクや車を改造して、さらに特攻服と言われる変形した服装を身に付けて、集団で暴走行為をする独特のスタイルと行動様式を持っていました。「ブラックエンペラー」などの攻撃的でおどろおどろしいチーム名をつけて、深夜に爆音とクラクションを鳴らして集団で暴走し、警察の取締りに対して挑戦するような彼らのスタイルは、「スピードを楽しむ」というよりは、明らかに反社会的・反権力的な姿勢を持つものでした。また車や服装を変形する独特のスタイルもそれまでの非行少年にはないものでした。

このように暴走族のスタイルと行動様式は、反学校的・攻撃的であり、服装や頭髪の変形を好むつっぱりグループのスタイルと、きわめて似ていると思います。しかし、暴走族は、つっぱりと違って、学校の外における非行少年たちの集団でした。彼らは、進学競争や高校の秩序から排除されてしまった非行少年たちの集団だったと言えるでしょう。それに対して、つっぱりグループに集まってきたのは、学校の中において能力主義や進学競争から落ちこぼされた非行少年たちだったと言えます。

非行少年は、戦前においても戦後においても学校の外にも内にもいたと思いますが、暴走族やつっぱりのような特異なスタイルと行動様式をもった非行少年たちは、どうしてこの時期に、どのようにして現れてきたのでしょうか。

一つの大きな要因として、この時期の高校への進学率の急激な上昇があげられます。1955年には50％以下だった高校進学率は、1975年には90％を超えるまでになりました。中学校卒業生のほとんどが高校に進学するという状況は、日本の学校教育の様相を大きく変容させ、特に中学校では、その教育内容も指導方法も高校への受験を意識せざるを得なくなりました。

ちょうどその頃、教育の現代化によって、教育内容が多くそのレベルも高くなっていきました。教師たちは厚くなった教科書を１年間で全て教え終えなければならなくなりました。いきおい授業のスピードも速くなり、「詰め込み教育」とか「新幹線授業」などとも言われるような状況になり、そのような教育内容や指導方法に付いていけず落ちこぼれてしまう生徒たちも現れてきました。

また高校への進学率上昇は、誰でもが好きな高校に進学できるという訳ではなく、そこには名門校・上位校をトップにした歴然とした学校間格差による序列体制があり、生徒たちは中学校の成績によって序列化され、自分が受かるレベルの高校を受験するように進路指導がなされます。成績の良い生徒たちは、希望する高校への受験が許されますが、そうではない生徒たちは、必ずしも行きたいとは思わない高校へ振り分けられてしまいます。そして、学校の授業から落ちこぼれた生徒たちは、どこも受験できる高校はなく、中卒で就職する道を勧められるか、自らその道を選んでいくことになりました。

このような学校の中で落ちこぼれた生徒たちが、非行の主役として登場してきたのです。

●つっぱり—その非行スタイルが意味するもの

つっぱりグループに集まってきた非行少年たちを表すつっぱりという言葉自体が、かなり攻撃的・暴力的なものを意味しています。いったい彼らは、そのつっぱりという特異なスタイルと行動様式で、なにを主張していたのでしょうか。

まずはっきりしているのは、彼らのその反学校・反教師的なスタイルと態度・行動です。学校で決められている校則を、あえて破るような変形の制服を着用し、変形・加工した頭髪にすること自体が、きわめて反学校的・反教師的です。さらに授業をはじめとする学校の秩序や教師の指導に従わない姿勢、あえて学校や教師が嫌がる行為をする挑戦的な姿勢には、彼らの「学校の決まりや教師の言うことには従わないぞ！」という主張が、彼らの全身で示されているように思われます。

暴走族に集まった非行少年たちは、改造されたバイクや車を使っての集団的暴走行為と特攻服という異装によって、彼らなりの反社会的・反警察的な姿勢を主張していました。それは、進学競争や高校の秩序から排除されてしまった非行少年たちの抵抗であったように思います。そして、つっぱりグループたちの特異なスタイルと行動様式は、学校の中での能力主義や進学競争から落ちこぼされている非行少年たちの抵抗であったように思えます。

しかし、そんなに学校と教師が嫌だったら、最初から学校に行かなければいいのにとも思えるのですが、それでも、彼らは学校に行ってしまうのです。学校には「行かなければならない」と思うところにつっぱりたちの屈折した心情や心理があるように思えます。

竹内常一氏（國學院大学名誉教授）は、彼らのことを「学校に来ている元気な不登校児」と表現しましたが、まさに言いえて妙であると思います。つっぱりたちは、その全身で学校的なものや教師の指導に対して反抗・拒否しているにもかかわらず、心の中では「行かなければならない」と学校にとらわれていたように思えます。

1960年代から70年代にかけて、日本の社会と学校を支配していった能力主義（成績主義・学歴主義）に、彼ら自身も深くとらわれていたのです。

しかし、能力主義にとらわれればとらわれるほど、そこから落ちこぼれていく自分自身を否定的にしか捉えられなくなっていくのです。教師や親をはじめとする周囲の人たちもまた、彼らのことを落ちこぼれ・劣等生・ダメ人間というように否定的にしか見ていかなかったのです。

そんな中で学校に行って、学校の決まりや秩序、教師の言うことに素直に従ってしまうことは、自分に対する否定的な評価を受け入れてしまうことになるのです。学校の能力主義的な基準に合わせようとすればするほど、自分自身が最低で「みじめな存在」に思えてくる。だからと言って、その学校の世界を離れて生きていく道は閉ざされているように感じられて、まるで出口のない袋小路に追い詰められているような状態に置かれてしまったのです。だからこそ彼らは、自分自身がとらわれている学校的な価値観や尺度を、全身で否定しようとする態度・行動をとろうとしたのではないでしょうか。

1970年代から80年代にかけてつっぱりという独特のスタイルと行動様式をとっていた生徒たちは、ある意味、自ら学生服や頭髪を変形することによって校則で決められている服装・頭髪の決まりを破り、乱すことを確信犯的に行っていたと言えます。それは、まるで「将来、自分は非行（犯罪）を行う可能性のある生徒＝非行少年」であることを、あえて周囲に積極的にアピールしているようにも見えます。

これは本当に不思議なことです。例えば、これから泥棒に入ろうとする者が、いかにも泥棒然とした格好をして街を歩くでしょうか。むしろ逆に、誰からも怪しまれないようなきちんとした（スーツ姿のような）格好をするのではないでしょうか。

つっぱりという独特のスタイルと行動様式をとっていた生徒たちは、あえて校則に反した服装・頭髪をすることで、何をアピールしようとしていたのでしょうか。「服装・頭髪の乱れは心の乱れ」であるとするならば、つっぱりの生徒たちの独特のスタイルと行動様式の裏にある「心の乱れ」とは、どのような心だったのでしょうか。

はっきりしているのは、彼らが「だらしないから」そのような服装や頭髪をしているわけではなかったということです。明らかに彼らは意図的に制服を変形し、頭髪を加工していました。そこにはあえて「校則で決められている服装頭髪の決まりを守らない」という明確な意志と意図があったと思います。

つっぱりという独特のスタイルと行動様式には、かつての学生運動に参加していた大学生や高校生たちが持っていた思想性やイデオロギーのようなものは見当たりませんが、明らかに学校的なものや教師の指導に対する抵抗や反抗の姿勢が現れていたと思います。

それは1960年代から日本の学校を支配していった能力主義の中で、彼ら自身が落ちこぼされ、劣等生・脱落者としてレッテルを貼られ、差別されたことに対する抵抗だったのではないでしょうか。彼らは、つっぱりという独特のスタイルと行動様式を通して、能力主義による支配に対して、全身で「ノー」という意思表示をしていたように思えます。

●つっぱりたちの「心の叫び」に応えていたのか

つっぱりの生徒たちの独特のスタイルと行動様式によって「服装・頭髪の乱れ」を示していた彼らの、「心の乱れ」について、当時の学校と教師は、どれだけそれをきちんと把握し、理解しようとしたのでしょうか。彼らのつっぱるというスタイルと行動様式の裏に、どのような心理的な意志と意図があったのか、彼らが、その反学校的・反教師的な態度と行動で訴えていたもの、主張していたメッセージは何だったのかについて、私たちはそれをきちんと捉えることができていたのでしょうか。

1960年代から日本の学校が能力主義に支配されていくことによって、激化していく学力競争・受験競争から落ちこぼれた者たちに「落ちこぼれ・劣等生・ダメ人間」という否定的な評価が向けられました。このような一元的能力主義体制の中で、最底辺に位置づけられることは、周囲から常に自己の「否定的なアイデンティティ」を押しつけられることでした。

つっぱりという特異なスタイルと行動様式をとった非行少年たちは、彼ら自身もまたその能力主義的な価値観にとらわれながら、反学校的・反教師的な態度・行動をとることによって、あえて「否定的なアイデンティティ」を打ち出して、そのような能力主義的な価値観に対して抵抗しようとしたのではないでしょうか。それは、彼らの自身の、自己の存在をかけた「アイデンティティの闘争」だったように思われます。

当時の教師たちの多くは、つっぱりたちの「服装・頭髪の乱れ」に対して、まずは、その服装・頭髪を正すという生徒指導を行っていました。多くの教師たちが、つっぱりたちの外形である服装・頭髪を正すことが、彼らの「心の乱れ」を正すことになり、それは「将来、彼らが非行（犯罪）を行うかもしれない可能性」の芽を、早いうちに摘み取ることになるのだと信じていたのでした。

けれども、「服装・頭髪の乱れ」を正すことが、本当に彼らの「心の乱れ」を正すことになったのでしょうか。つっぱりという特異なスタイルと行動様式で彼らが訴えていたのもの、求めていたものに、当時の教師たちはきちんと応えていたのでしょうか。もしかすると私たちは、パンを求めていた者たちに対して、石で打つようなことをしていたのではないでしょうか。『生徒指導の手びき』（文部省、1965年）には、「生徒指導は、人間の尊厳という考え方に基づき、一人一人の生徒を常に目的自身として扱うことを基本とする。これは、内在的な価値をもった個々の生徒の自己実現を助ける過程であり、人間性の最上の発達を目的とするものである」と書かれています。そして、そのために最も重要なのが生徒理解であり、それを踏まえて生徒の自己実現にむけての援助と指導を行うことだとされています。

1960年代から1970年代にかけて、日本の学校は生徒たちの非行・問題行動の波に襲われ、つっぱりたちの出現に振り回されていきました。果たして、その時の教師たちが『手びき』にあるような「自己実現を助け」て「人間性の最上の発達を目的とする」生徒指導に取り組むことができていたのかについて、しっかりと歴史的に検証していく必要があると思います。

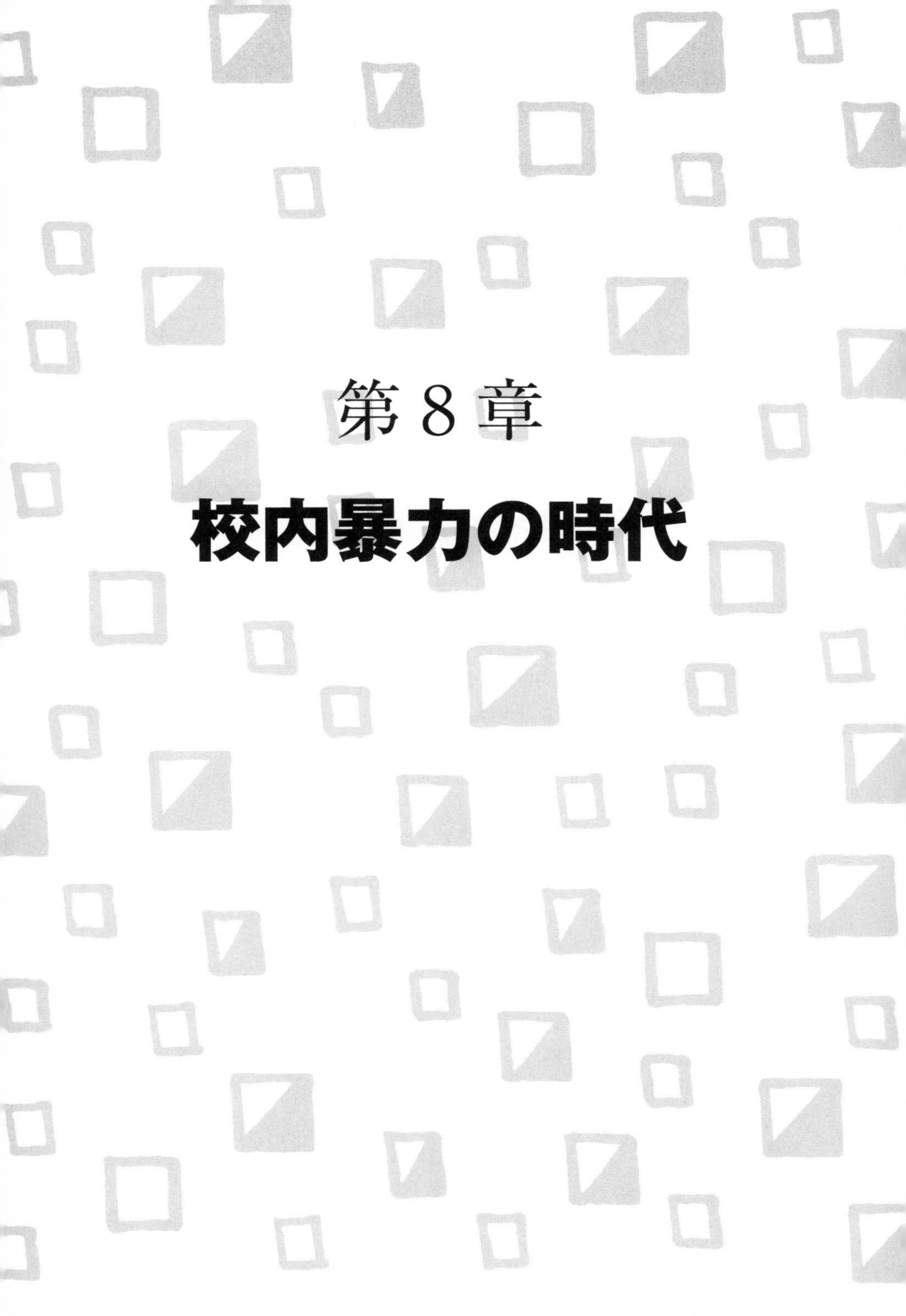

第8章

校内暴力の時代

●校内暴力で様変わりした学校現場に飛び込む

日本の学校の生徒指導がブラックなものになっていった一つの大きな分岐点が、1980年前後の校内暴力の時代であったと思います。

私が工業高校に入学したのは、オイルショックの前年の1972年でした。その頃はまだ工業高校といえどもつっぱりスタイルの高校生の姿は少なく、授業が成り立たないということもなく、非行や暴力事件もそれほど多くはありませんでした。

高校を卒業して東京の大学に進学し、1980年に北海道に戻って高校の教員となりましたが、その時私の目の前に広がっていた学校現場は、自分が高校生だった時とは大きく様変わりしていました。私が大学に在籍していた５年間のうちに、北海道の、いや日本の学校現場がドラスティックに変わってしまい、まるで浦島太郎のような状態でした。

私が教師として最初に赴任したのは、北海道北部にある小さな商業高校でした。その高校は、私が赴任する２年前まで校内暴力で荒れていました。その当時は、新聞やテレビでも大きく報道されたそうです。その頃は、北海道だけでなく、日本全国の高校、特に職業高校やいわゆる底辺校と呼ばれるような高校では校内暴力が頻発していました。北海道の田舎の小さな高校にまで、校内暴力の波が押し押せてきていたのでした。

私がその高校に赴任した時には、前年に着任した学校長を中心にした教職員全員による取り組みによって、生徒たちも落ち着きを取り戻していました。しかし、その当時の学校の職員室の中には、二度と学校を校内暴力で荒れさせてはならないという教員たちの強い緊張感が満ちていました。大学を卒業したばかりの新米教員だった私は、いきなり校内暴力の時代のまっただ中に飛び込んだのでした。

校内暴力とは、一般的には学校内での暴力行為のことをいい、①器物損壊、②生徒間暴力、③対教師暴力の３形態があるとされています（教師による暴力や、生徒・教師以外の人への暴力を含むこともあります）。

学校内での暴力行為は、それこそ1972（明治５）年の学制施行以来、少なからず続いてきたと思われますが、それが大きな教育問題として注目されるようになったのは、1970年代以降だと思います。

◇校内暴力事件数と検挙・補導人員数◇
（警察白書から、1975 ～ 1989 年度）

年度	事件数	検挙・補導人員数	うち中学生	うち高校生
1975	2732	6885	4506	2379
1976	2301	6221	4053	2168
1977	1873	6343	4358	1985
1978	1292	6763	4288	2475
1979	1208	6719	5141	1578
1980	1558	9058	7108	1950
1981	2085	10468	8862	1606
1982	1961	8904	7952	952
1983	2125	8751	8227	524
1984	1683	7110	6657	453
1985	1492	6094	5683	411
1986	1376	5225	4924	301
1987	947	2852	2698	154
1988	943	2581	2409	172
1989	939	2651	2479	172

ちなみに1965年に文部省が発行した「生徒指導の手びき」には、校内暴力という言葉はありませんでした。文部省が発行した生徒指導関係の資料で初めて校内暴力という言葉が現れたのは、おそらく1979年発行の「生徒の問題行動に関する基礎資料－中学校・高等学校編」だと思われます。その中で、生徒の問題行動のカテゴリーの一つとして暴力行為があげられ、その態様として集団暴力、家庭内暴力、校内暴力の三つがあるとされていました。

この資料に載っている当時の校内暴力のデータ（警察白書からのもの）では1976年度の校内暴力発生件数は2301件、補導された中・高校生は6221人でした。翌1977年度は1873件と発生件数は減少していますが、検挙・補導された中・高校生数は6343人と増加し、そのうち中学生が4358人（69%）を占めています。この当時、全国の中学・高校での校内暴力が続発し、特に中学校の方が高校より多く発生している傾向が現れています。

●対教師暴力という衝撃

校内暴力は1970年代から1980年代前半にかけて日本の中学・高校で頻発し、教育問題としても社会問題としても非常に大きな注目を集めた歴史的事象でした。

その特徴は、暴力行為の中心が対教師暴力であることです。当初は高校（特に職業高校やいわゆる底辺校）での発生が多かったのですが1970年代後半以降は中学校での発生が急増したこと、以前は卒業式ごろに集中していたものが年間を通して日常的に発生するようになったことも特徴としてあげられます。

このような歴史的事象としての校内暴力が、社会的な問題としてクローズアップされたのが、1980年10月に和歌山県で起きた「尾鷲中学校警察官導入事件」でした。授業をさぼって校内でたむろしていた十数人の生徒に教師が注意をしたことが発端となって生徒たちが暴れだし、その数も40人余りに膨れ上がって教師に暴力を振るうなどエスカレートしたため、連絡を受けた同市の教育長が警察に出動を要請した事件です。警察官51人が駆けつけて校舎を取り囲み、そのうち私服警官3人が校内に入ってようやく騒ぎは収まりました。

1970年代後半から、校内暴力という言葉は新聞やテレビのニュースとして取り上げられてきましたが、この尾鷲中学校での校内暴力事件はその規模の大きさと、学校・教育委員会側の要請を受けて50人以上の警官が出動したことで世間に大きな衝撃を与えました。

文部省はこの事態を重く受け止め、事件の翌月(1980年11月)には「児童生徒の非行の防止について」という通知を出しました。さらに1982年には「生徒の健全育成をめぐる諸問題－校内暴力問題を中心に」という生徒指導資料を発行しました。

この「生徒の健全育成をめぐる諸問題－校内暴力問題を中心に」は、校内暴力という言葉をタイトルに入れた最初で最後の生徒指導資料ですが、校内暴力の現状や発生の要因、具体的な対策や指導の在り方、さらには実際の指導事例と考察など、それまでの生徒指導資料にはあまり見られないリアルな現状把握と具体的な対応内容が盛り込まれていました。これは、文部省にとってこの歴史的事象としての校内暴力の衝撃がいかに大きなものであったのかを示していると思います。

「最近、校内暴力事件は、全国各地の学校で発生し、増加する傾向にあるとともに、その暴力の形態も多様化し、悪質化していることが指摘されている。（中略）今日発生している教師に対する暴力行為、悪質な生徒間の暴力行為、学校の施設設備の破壊行為などは、見過ごしにできない重大な問題である」(11ページ)

このように、この生徒指導資料では、校内暴力は「教師に対する暴力行為など見過ごしにできない重大な問題である」としています。

この資料では警察庁のデータによって校内暴力の現状についての分析もなされています。1975年から漸減していた事件数が、1980、1981年と急激に増えていること、件数だけでなく1980年は被害者数も補導人員も急増していること、中学生の急増が目立っていることをあげて、校内暴力の問題の焦点が中学生に移ってきていることを指摘しています。

また対教師暴力については、1973年には71件だったのが、1977年には215件、そして1980年には394件と増え続け、1981年には772件と激増していることに注目し、大きな問題であるとしています。

このような資料の記述からも文部省が、校内暴力を単に生徒の問題行動の形態の一つとしてではなく、これを「教師と生徒の基本的な関係」を破壊する恐れがあるとして、かなり深刻に受け止めていたことが分かります。

校内暴力とは、一体どのような事態だったのでしょうか。文部省発行の資料に掲載されている事例を見てみましょう。

【事例①】　5月X日昼休み、2階柔道室に3年生男子約20名が入り、一部の生徒が喫煙中、生徒の中のAらが紙屑や雑巾に火を着け、床板を焼いてしまった。煙を発見した生徒の通報で教師3名が駆け付けて消火にあたったが、Aら5名は教師が来ても退去しないで消火活動を傍観していた。当該生徒たちは、動機として面白くない授業と厳しすぎる指導への不満を述べている。

【事例②】　6月X日、3年生全員を体育館に集め、修学旅行の事前指導を行なっていた時、突然、男子生徒のBが学級担任のO教諭に殴る蹴るなどの暴力行為に出た。Bは日ごろからO教諭に対して反抗的な態度が目立っていたが、この時のBの態度が悪いので、O教諭が強く注意をしたことに対して暴力行為に出たものである。Bは11月X日の放課後には職員室に乱入し、O教諭を後ろから数回殴りつけた。止めに入った他の教諭にも見境なく殴る蹴るの暴力を働いた。この日の学級指導でO教諭がBの生活態度を批判したように誤解し、腹をたてたためと思われる。

【事例③】 11月X日、Cら数名は2校時目に仲間を集め、職員室前でP、Q教諭に話し合いを求めた。話し合いは校長室で行なわれ、生徒指導主事のP教諭との間で怒号や罵声が飛ぶ状態となった。騒ぎを聞いて集まってくる生徒の数が増えてきて、校長室に止めに入ろうとする教師が押し返されたため、校長は場所を体育館に移すことを提案した。

体育館でP、Q、R教諭らは、それぞれ生徒たちに囲まれつるし上げられる状態になってしまった。中でもR教諭は生徒たちから激しく責められ、興奮した生徒Dに顔を殴打された。P教諭を取り囲んだ生徒たちは興奮してわめいたり、こづいたりした上、生徒Eが同教諭の顔を殴打した。P教諭はDに顔面を蹴られて一時的に意識を失ったところをさらに殴る蹴るの暴行が加えられた。その場に居合わせた教師数名で制止しようとしたが防ぎきれなかった。

●校内暴力の主役はつっぱりたち

いずれの事例でも、事件を起こしたのは、普段から態度が悪いと教師たち（特に生徒指導部担当や学級担任）から厳しい指導を受けていたつっぱりの生徒たちでした。彼らの多くは学習意欲も学習成績も低く、授業に集中することなく騒いだり、集団で授業中に教室を出て、校舎内を歩き回ったりトイレ周辺などにたむろしたりする生徒でした。服装や頭髪も、いわゆる「つっぱりスタイル」をする者が多く、教師に対しては反抗的な態度をとり、喫煙や万引き、恐喝などの非行経験や暴走族などの外部とのつながりがある者もいました。

校内暴力が起きるまでは、彼らは教師たち（特に生徒指導部担当や学級担任）から繰り返し学習態度や服装・頭髪が校則に反しているとして叱責され、時には体罰を振るわれていた側でした。日ごろからそうした教師の指導に対しての不満や反発心を溜め込んでいたところ、ある時、突然に爆発して器物損壊や暴力行為へと暴走してしまったのでした。

つっぱりたちの不満や怒りは、彼らに厳しい指導していた生徒指導部担当教師や学級担任に直接向けられることもありますが、そうではない教師に対しても不満をぶつけたり、器物損壊では校舎内のあらゆるものが対象となるなど、その矛先は学校や教師という存在そのものに向けられているようにも感じられます。

文部省の生徒指導資料「生徒の問題行動に関する基礎資料－中学校・高等学校編」(1979 年) には、校内暴力を起こすつっぱりたちの不満の特徴が紹介されています。

▽授業内容が分からないので学校がつまらない。
▽学校には全身を打ち込むものがない。
▽学業成績が不良で劣等感をもっている。
▽（教師の）注意の仕方が気にくわない。
▽日ごろから何かにつけて悪者扱いされる。
▽刺激的な言葉で注意するので頭にくる。
▽何かあるとばか扱いされる。
▽規制が厳しすぎて話をよく聞いてくれようとしない。
▽教師に反抗することによって仲間から認められる。

●なぜつっぱりたちは校内暴力を起こしたのか

文部省の生徒指導資料では、校内暴力が発生する原因として、社会的状況の変化、家庭の教育力・機能の低下、学校の指導体制の不備や不適切な指導などを背景として、校内暴力を起こす生徒自身の問題点である「自己顕示欲や自己中心性が強く、忍耐力や自主性に欠ける。善悪のけじめや基本的な行動様式が身に付いていないなど、幼少期からの生育過程において形成されてきた生徒自身の性格や意識、思春期における精神的な不安定」をあげ、これらが相まって「生徒の学校生活への不適応や非行集団の影響などがきっかけとなり、生徒の欲求不満が爆発するという形で校内暴力が発生しているものと考えられる」としています。

また校内暴力を起こす生徒自身の問題点として、以下のような特徴をあげています。

---

①学習意欲に乏しく、能力的にも必ずしも劣るとは限らないが、学力水準が低い。また、学業の目標や将来への見通しに欠けているが、漠然とした進学希望の場合が多い。
②気ままな生活を好み、他から規制されると反発する。自己顕示欲や自己中心性が強い。また、感情の揺れが激しく、責任感、自制心、忍耐力に欠ける。
③以前から、怠学、授業妨害、無断外泊、家出、喫煙、粗暴行為、窃盗、シンナー乱用などの問題行動が見られる。特に、教師に対する暴力を起こした生徒の場合には、非行歴があることが多い。
④数人の集団で行動する傾向が強い。
⑤校内・校外での非行集団とのつながりをもっている者が多い。

この特徴の中で、彼らが校内暴力を起こした根本的な原因は、①の学業不振、すなわち学校の勉強から落ちこぼれたことではないでしょうか。

つっぱりたちの多くは、小学校段階から学校の勉強を苦手として、高校進学率が90%を超えて受験志向となっていた中学校の学習内容についていけず、授業では「お客さん」状態となっていました。教師から「そんな低い成績だと高校進学は難しい」とか、「○○高校(底辺校)しか行けないぞ」と言われ、将来への不安や絶望感を抱かされていたのでした。そんな彼らにとって、学校生活の多くの時間を占める授業の場に、一日6時間も居続けることは苦痛以外の何ものでもなかったと思います。

「授業がさっぱり分からない」「分からないのに先生はどんどん授業を進めていく」など教師の指導に対する彼らの不満は次第に高まっていき、さらには「自分たちばかり注意する」「自分たちを差別している」「邪魔者扱いしている」というような授業における疎外感、被差別感、劣等感を蓄積していくことになります。そうした過程の中で、「どうせ落ちこぼれだ」「劣等生だ」「ダメ人間だ」というような否定的な自己像を形成していったのがつっぱりたちではないでしょうか。

●「教師の言うことを聞かない生徒たち」の出現

校内暴力の主役はつっぱりたちでしたが、彼らが何の理由もなく、突然に暴力行為を起こしたわけではありません。校内暴力のきっかけは、教師からつっぱりたちへの校則違反や授業中の態度についての注意や指導に対しての反発や反抗が多いのは事実です。しかし、その指導自体が問題だったというより、そうなる以前に教師とつっぱりたちとの間に心理的緊張状態が高まって、まるでガスが充満した部屋のようになっていて、そこに教師の指導がライターで着火したようになって爆発したのでした。

なぜそのような心理的緊張状態が高まっていったのでしょうか。それは、つっぱりたちが、教師の言うことを聞かなくなったからです。

学校の授業の中で落ちこぼれていった彼らは、自らつっぱりという否定的な自己像（アイデンティティ）を選択することで、独特のスタイルと行動様式を取るようになります。校則を逸脱した特異な頭髪と服装、教師の指導に対する反抗的な態度という「教師の言うことを聞かない生徒たち」が出現したのでした。

それまでも不良少年とか非行少年はいましたが、この時代に現れたつっぱりたちは明らかにそれまでの不良少年や非行少年とは違っていました。どちらかと言えば学校の外や、学校の地下組織的な場面において不良行為や犯罪行為などの非行を行うことが多かったのが、それまでの不良少年や非行少年でしたが、つっぱりたちは学校の中で、それも校則とか授業というような学校の表舞台において、教師に対する反抗的・攻撃的な態度や行動をとり、非行を行なっていったのでした。

つっぱりスタイルという攻撃的な頭髪と変形制服の特異なスタイル、授業中の私語・立ち歩き・いたずらなどの授業妨害、校舎内での集団行動による徘徊やたむろ、そして落書きや器物損壊、さらには校舎内での喫煙・飲酒、かつあげや暴力行為といったつっぱりたちの態度や行動様式は、あきらかにそれまでの不良少年や非行少年とは異なるものでした。

なにより違っていたのは、つっぱりは「教師の言うことを聞かない生徒たち」だったことです。それまでの不良少年や非行少年たちも、教師の言うことを素直に聞く生徒ではなかったと思いますが、彼らは学校内外で不良行為や犯罪行為などの非行をしながらも、つっぱりたちのように真正面から教師たちに対して反抗し、暴力的で破壊的な行動を取ることは多くはなかったと思います。そういった意味で、つっぱりたちの出現は、日本の学校の歴史にとって衝撃的なものだったのかもしれません。

●「校則・体罰・評価」による押さえつけ

教師にとって、「言うことを聞かない生徒たち」の出現は、教師としてのアイデンティティを根底から揺るがす危機感をもたらします。学校は、「生徒は教師の言うことを聞く」ことを前提として成り立っています。もしも、そのような前提が守られず、生徒たちが「教師の言うことを聞かない」ことになれば、教師にとって学校は"地獄"となります。

生徒たちが皆、「教師の言うことを聞く」ことを了解してくれるのならば、教師は学校でことさら必要以上の力を出さなくとも授業を成立させ、教師としての仕事を円滑に進めることができます。しかし、そのような了解が成り立たず、「教師の言うことを聞かない生徒たち」が出現したなら、教師はなんらかの力によって、彼らに言うことを聞かせることが必要となります。

つっぱりという「教師の言うことを聞かない生徒たち」の出現によって、当時の多くの教師たちは、三つの力によって、彼らに教師の言うことを聞かせようとしました。

一つ目の力は「校則による取締り」です。校則に違反した頭髪と制服という特異なスタイルをして登校してくる彼らに対して、教師たちは校則を守るように厳しく指導していきました。しかし、「教師の言うことを聞かない」彼らは、毎日のように教師からの注意や叱責を受け、その場で直させられたり、違反した制服を没収されたりしました。

二つ目の力は「体罰による指導」です。それまでも教師たちは、「口で言ってわからないヤツは、たたいて分からせるしかない」として、日常的に体罰を行なってきました。当然ながら、「教師の言うことを聞かない生徒」であるつっぱりたちに対しても、教師は体罰によって言うことを聞かせようとしたのでした。

三つ目の力は成績や内申書の評価による脅しです。きちんと授業を受け勉強に取り組まないと低い成績を付けられ、内申書に良くない評価を書かれてしまい、中学だと高校への進学、高校だと進級や卒業に影響を及ぼします。そのような教師の評価権をたてにとって、彼らに言うことを聞くように脅したのでした。

いわゆる平時ならば、学校が持っている制度的な効力によって、教師たちがこの三つの力をことさらふるわなくとも、生徒たちの多くは素直に「教師の言うことを聞いて」くれるのでした。しかし、つっぱりという「言うことを聞かない生徒たち」の出現によって、教師たちは彼らに対して、自らの精神と身体によって校則・体罰・評価という三つの力を行使することで言うことを聞かせなければならなくなったのです。

●教師とつっぱりたちの「心理的緊張状態」が爆発

「教師の言うことを聞かない生徒たち」であるつっぱりは、校則違反の頭髪・服装という特異なスタイルで、授業中にしゃべったり立ち歩いたりして授業を妨害します。それに対して教師たちは校則・体罰・評価という三つの力によって、彼らに言うことを聞かせようとします。

しかし、つっぱりたちは、そのような力による教師の指導に対して、さらなる反発・反抗を繰り返します。そのようなプロセスの中で、両者の間の心理的緊張状態が高まっていったのです。そこに教師の指導がきっかけとなって、充満したガスに着火したかのように心理的緊張が爆発し、対教師暴力のような深刻な校内暴力が発生したのでした。

さらにつっぱりたちとの心理的緊張状態を高めたもう一つの原因は、教師側の指導体制の足並みの乱れでした。「言うことを聞かない生徒たち」であるつっぱりに対して、校則・体罰・評価という三つの力で言う事を聞かせようとする教師の指導は、必ずしもその学校の教師全体で一致した体制で行なわれたものではありませんでした。

つっぱりに対して、直接的に厳しく指導にあたったのは生徒指導部担当の教員であり、その生徒の担任教師でした。中でも最も厳しく、場合によっては体罰をふるうこともあったのは体育教師や身体強健で強面の、いわゆる「こわい教師」たちでした。このような教師たちの怒る・どなる・脅す・たたくという強権的な指導に対して、つっぱりたちは反発心を高めていったのでした。

一方で、このような強権的な指導をしない（できない）教師たちもいました。このような教師たちの中には、つっぱりたちの逸脱的な態度や行動に対して、なにも指導できずに見逃したり、見て見ぬふりをしたりすることがありました。このような教師の無責任な姿勢についても、つっぱりたちは不信感を高めていったのでした。

このように、学校の授業や勉強から落ちこぼれた生徒たちの中から教師の言うことを聞かないつっぱりたちが出現し、彼らの校則違反や授業妨害などに対して教師の側からの校則・体罰・評価という三つ力による強権的な指導が加えられるとともに、教師側の指導体制の足並みの乱れなどから、つっぱりたちの学校・教師に対する反発や不信が高まり、互いの心理的緊張状態が高まっていったのでした。

突発的に見える校内暴力であっても、そこにいたるまでのプロセスが必ずありました。最も深刻な対教師暴力のような事件であっても、発生する前には必ずといっていいほど校内での器物損壊や対生徒暴力などの兆候が存在していたのでした。

文部省の資料から、そのような兆候から深刻な事態に至るまでのプロセスを見てみましょう。

・頭髪や服装などの決まりを守らず、問題をもつ生徒同士が同一の服装をする。
・校舎の内外に落書きが目立つようになる。
・爆竹などを持ち込んでいたずらをしたり、学習に不要なもの（ラジカセなど）を持ち込んだりする。
・消火器にいたずらをしたり、火災報知器を作動させたり、防火用シャッターを下したりする。
・生徒への金品の強要が巧妙に行なわれ始め、次第に暴力的になる。
・授業中、奇妙な声を出したり、歩き回ったりする。
・廊下の床タイルや天井板、出入り口のドア、羽目板などを壊したり、窓ガラスを大量に割ったりする。
・消火用ホースで大量の放水が行なわれたり、視聴覚機器などの教具が破壊されたりする。
・複数グループが校内に存在する場合には、グループ間の暴力抗争が発生する。
・集団化が進み、学校付近まで来ても登校しなかったり、登校しても授業中無断で抜け出したりする。
・校舎内の壁面にスプレーを吹き付けてライターで点火する。
・他校の生徒が校舎内に出入りしたり、他校の生徒との暴力事件が発生する。
・特定の教師に対する反抗や暴言が始まる。
・暴走族などの非行集団との結び付きが強くなり、教師の言動の揚げ足をとったりして、暴力を振るう口実を作って暴力行為を行なうようになる。

このように、校内暴力が起きる時には必ずその発生以前に小さな兆候が見られるのです。教師たちが、その小さな兆候を見過ごしたり、見逃したり、適切な対応をきちんと取らなければ、そこから「アリの一穴」のように学校の秩序が崩れていったのでした。

●校内暴力が破壊した教師と生徒の基本的関係

一対一の対教師暴力から、集団で一人もしくは複数の教師に対して無差別に暴力を振るったり、校長室や放送室を占拠したり、職員室に暴れ込んだり、時に教師を軟禁状態にして、これまでの強権的な指導に対しての謝罪を求め、土下座させるような事態にいたることもありました。これが校内暴力の最も深刻な事態であると同時に、事態の最終局面でもあります。「言うことを聞かない生徒」であるつっぱりたちと、言うことを聞かせようとする教師たちの力と力のぶつかりあいによる緊張状態が、ちょっとしたきっかけによって爆発してしまったのでした。

それによってつっぱりと教師たちとの力関係が逆転してしまったのです。特に、それまで学校内で最も強権的に力による指導をしていた教師が暴力にさらされ、土下座までしてしまうと、もはやつっぱりたちにとっては怖いものなしとなり、学校は無法地帯となってしまいます。このような事態は、学校における教師と生徒の基本的な関係を逆転させ、学校の基本的な秩序をゆるがせにしました。

文部省発行の「生徒の健全育成をめぐる諸問題－校内暴力問題を中心に」でも、最も問題なのが対教師暴力であることを何度も強調しています。

例えば、「このような対教師暴力は、授業中の教室で発生することが比較的多く、大勢の生徒の面前で行なわれるので、それだけに他の生徒に与える影響も大きく、教師と生徒の基本的な関係に大きな打撃を与えることになる」(18ページ) としています。また、「職員室に押し掛けてきて、暴力を振るう悪質なものもみられるが、このような対教師暴力は、教師の権威を侵害し、学校教育における教師と生徒との基本的な関係を破壊するものである」(19ページ) と述べています。

さらに、「現在起こっている校内暴力事件は、単にその事件だけの問題と解してしまうだけでは不十分である。これには、未来の社会全体が象徴されているとも考えられるからである。このような意味において、対教師暴力のもつ問題性は極めて大きい。すなわち、対教師暴力は、今日の教育の場の基本となる秩序、教師の権威、教師と生徒との信頼関係などを根底から破壊する行為であるから、ひいては現実の社会の秩序の保持を否定していくことになる」「校内暴力の問題に対しては、学校だけでなく、家庭も、地域社会も、更には我が国全体も、緊急な課題として受け止め、真剣に解決に当たるべきである」(20ページ) としています。

こうした記述からも、文部省が、校内暴力をたんに生徒の問題行動の一つとしてではなく、これを教師と生徒の基本的な関係を破壊するものとして、ある意味で歴史的事象としての問題性を深刻に受け止めていたことが分かります。

●校内暴力の収束－警察力の導入とその副作用

校内暴力の最も深刻な事態は対教師暴力です。そこから教師と生徒との力関係が逆転して、学校内が無法状態となり、生徒たちによる暴力・破壊行為が横行するようになってしまうのです。

このような局面にいたって、当時、かなりの学校で警察官を校内に導入することが行なわれました。学校はもともと閉鎖的な所であり、内部で起きた問題を外に明らかにすることは、よほどのことがない限りありません。また学校内部で起きた問題は、学校の内部で解決するのが大原則であり、外部の力を借りるという発想も、当時の教師たちにはありませんでした。ましてや警察官を導入することは、学校の教師にとっては自分たちの指導の力では解決できなかったという「教育の敗北」を認めることになると同時に、自分たちの生徒を警察に渡してしまうという意味でも屈辱的なことだったのでした。

にもかかわらず、校内暴力において最悪の事態にいたった学校は、もはや指導・教育の限界を超えたとして、警察の力を頼るしかなかったのでした。尾鷲中学校の校内暴力事件は、校内で生徒たちが集団で教師たちに暴力を振るったことよりも、学校側が校内に警察官を導入したことの方が、社会に大きな衝撃を与えたのでした。

この尾鷲中学校の場合もそうでしたが、校内暴力に対して警察の力を導入した学校は、その後事態が収束に向かうことが多かったようです。もちろん、そこには学校の教師たちの文字通り血のにじむような学校立て直しの努力があったのですが、その契機に警察力の導入の効果があったことは間違いありません。

しかし、学校への警察力導入には副作用もありました。一番大きかったのは、学校と教師の権威と信頼が失墜したことです。自分の学校の生徒たちから暴力を振るわれただけでなく、そうした事態を自分たちで解決できず、生徒を警察の手にゆだねてしまったことは、生徒や保護者たちだけでなく市民たちにも大きな失望感と不信感を抱かせてしまいました。

そしてなにより最大の副作用は、一度崩れて逆転してしまった教師と生徒の力関係をもう一度逆転して元に戻すためには、警察力のような「より大きな力」を用いなければできないという認識を、教師たちに深く浸透させてしまったことでした。

●学校立て直しへの「三つのキーワード」

校内暴力は1981～1983年度をピークにして、全体的に収束に向かっていきます。その大きな契機が1980年以降、学校が校内暴力に対して警察力の導入をためらわなくなったこと、また警察自身もそれまでの慎重姿勢を変えて、学校側の要請があれば校内への警察官の出動をためらわなくなったことでした。

しかし、校内暴力によって荒れた学校を立て直していくには、その学校の教職員の本当に血のにじむような努力と、生徒や保護者、地域住民からの協力が必要でした。

校内暴力が吹き荒れた後、学校は校内暴力の有無やその程度にかかわらず、学校秩序の立て直しに取り組みました。特に教師たちにとっては、校内暴力を直接体験したかどうかにかかわらず、「二度とあのような事態にしたくない」という強い気持ちで取り組んだのでした。

学校立て直しのために教師たちがまず行なったのは、逆転された教師と生徒の力関係の立て直しでした。そのために重要とされる三つのポイントが、文部省が 1982 年に発行した「生徒の健全育成をめぐる諸問題－校内暴力問題を中心に」の「まえがき」に明記されています。

一つ目は、「全教師が教育者としての使命感と熱意を持って、校長の指導監督の下に生徒指導の方針について共通理解を深め、一体となって教育実践に取り組んでいくこと」でした。校内暴力が深刻化した原因の一つが教員間の指導体制の足並みの乱れにありました。そこから、全教員が一体となって同じ指導基準で一致した指導による対応をしなければならないということなったのでした。

二つ目は、「生徒の問題行動については、早期発見と早期指導がいかなる場合においても大切である」ことでした。校内暴力が深刻化する過程には、校則違反、授業妨害、校舎内の落書き、器物損壊などの兆候的な問題行動が見られましたが、これに対して早期にきちんと指導しなかったことが、対教師暴力にまでエスカレートした一因だったことから、早期発見と早期指導が大切とされたのでした。

三つ目は、「非は非とする毅然とした態度で指導に当たることが肝要である」ことでした。これは、校内暴力が深刻化する過程で、教師たちの中に、つっぱりたちの逸脱的な態度や行動に対して、なにも指導することをせず（できず）見て見ぬふりをすることがあったことから、問題行動を見逃すことなく、毅然とした態度で指導していかなければならないとされたのでした。

この時に示された、「一致した指導体制」「早期発見・早期指導」「毅然した態度」の三つの言葉は、校内暴力後の日本の学校の立て直しのための重要なキーワードとなります。そして、この三つのキーワードは、次にくる管理主義の時代における生徒指導体制確立のための重要なキーワードともなっていきました。恐らく、この時から、日本の学校における生徒指導は、間違いなくブラックなものへと大きく変質していったのだと思われます。

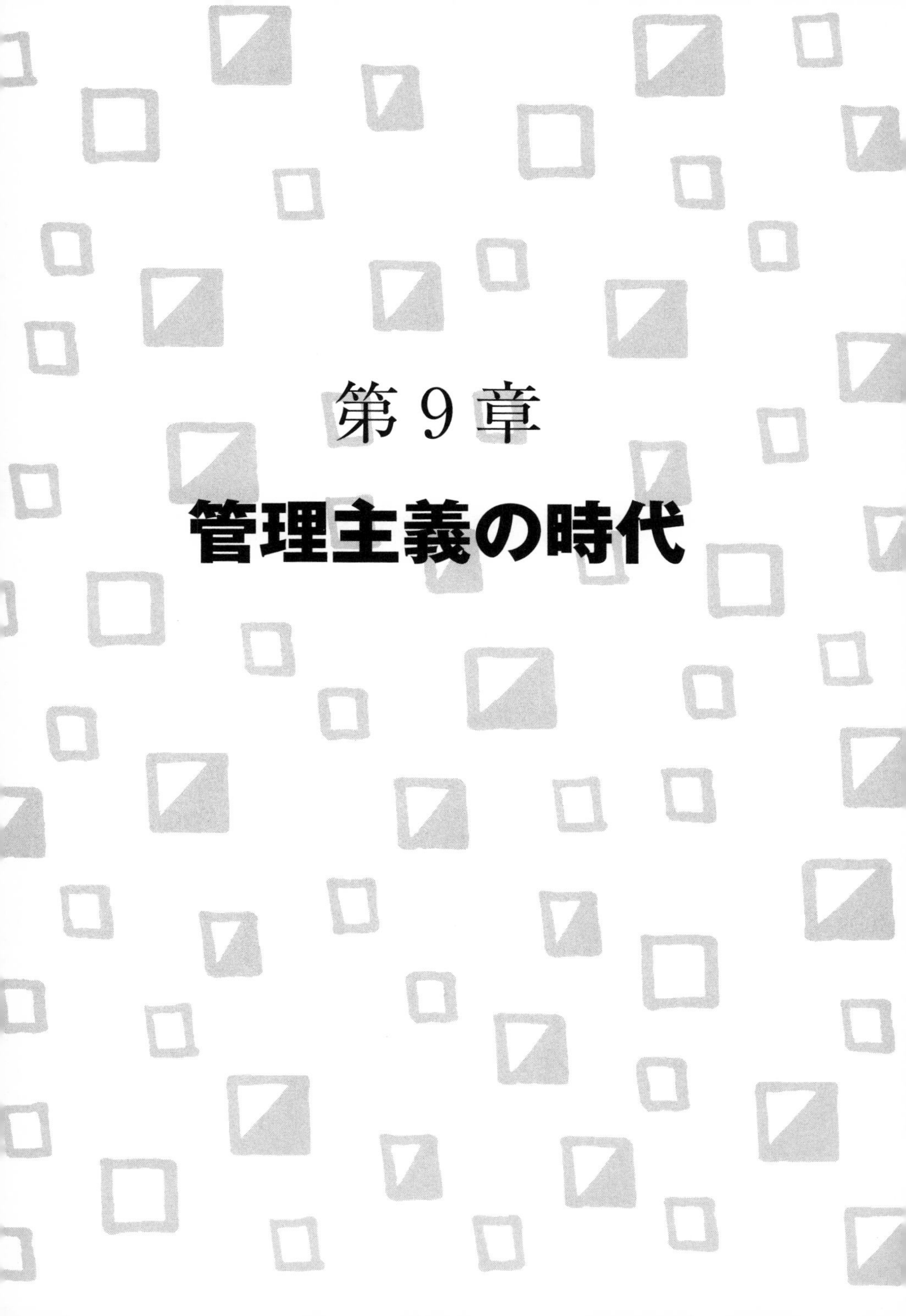

第9章

管理主義の時代

●校内暴力後の生徒指導体制

校内暴力の時代の後に管理主義の時代がやってきた、と言われています。

1970年代後半から1980年代前半を校内暴力の時代とすると、1980年代中ごろ以降を管理主義の時代と呼ぶのかもしれません。しかし、管理主義的な教育は、校内暴力の時代にすでに広がっていただけでなく、校内暴力の時代の前から始まっていました。管理主義は校内暴力の結果だけではなく、校内暴力の原因であり、その過程でもあるのです。

1980年に北海道の高校の教員となった私が最初に赴任したのは小さな商業高校でしたが、赴任する2年前まで校内暴力で荒れていました。私の赴任時には学校も生徒たちも落ち着きを取り戻していましたが、二度と学校を校内暴力で荒れさせてはならないという教師たちの強い緊張感が職員室に満ちていました。

当時、私が先輩教師たちからよく言われたのは、「生徒たちに決して甘い顔を見せてはならない」でした。特に大学を卒業したばかりの新米教師に対しては、生徒たちもナメてかかり、この教師はどこまで許してくれるのかを試してくるので、一度甘い顔を見せるとどんどんつけあがって生徒たちの「やりたい放題」になるので気をつけなさい、ということでした。

もう一つは、服装や頭髪などの校則についての逸脱行為を見つけた時には、決して見逃すことなく、他の全ての教師と同じ基準で、その場でしっかりと注意しなさい、ということでした。これも、一人でも校則の逸脱行為を見逃したり、その場で注意しない教師がいれば、彼らはそこをついてきて、まるで「アリの一穴」のようにそこから学校が荒れていくのだ、とも言われました。

まさにこれは文部省が示した校内暴力後の学校の立て直しのための重要な三つのキーワードである、「一致した指導体制」「早期発見・早期指導」「毅然した態度」そのものでした。こうして私は、校内暴力後の学校から、自身の教師生活をスタートさせたのでした。

日本全国の学校に吹き荒れた校内暴力の嵐は1981～1983年度ごろをピークにして、その後は警察力の導入などもあって、発生件数はしだいに減少していきました。それでもつっぱりたちと教師たちの間の緊張関係は続いており、いつどこで校内暴力が起きても不思議ではありませんでした。
　このような校内暴力後の日本の学校に広がっていったのが管理主義と呼ばれるブラックな生徒指導の体制でした。
　当時、多くの学校で具体的に取り組まれた生徒指導が三つあります。
　一つ目は、毎朝、校門もしくは生徒玄関に教師が立って、あいさつ指導や服装・頭髪の指導、遅刻指導を行うという「校門・玄関指導」でした。最初はにこやかに生徒たちに「おはよう」と声をかけているのですが、服装・頭髪の違反生徒を発見したり、始業時間が近づいてくると教師たちの怒号が飛び交います。
　二つ目は全校集会や学年集会での「一斉服装頭髪検査」でした。クラスごと一列に並ばされた生徒を、担任と副担任で一人ずつ頭の先から足のつま先まで違反がないかチェックしていくのです。ほとんどの生徒たちは、その日に一斉点検があることを知っているので当日の朝までに直してくるのですが、その直し方が不十分でほんの少しでも逸脱や違反があった場合は、その場で厳しく指導されるのでした。
　私が教師になった頃は、女子のスカートは長くすることが流行っていたので、定規を持ってスカートの丈を「床上何 cm」とか測りながらチェックしていました。その後、短いスカートが流行ると、今度は「ひざ下何 cm」とかを測りながらチェックしていました。そのうち熟練してくると、定規を持たずとも目測だけで何 cm 長いとか、何 cm 短いとかが判別できるようになりました。
　三つ目は、生徒がタバコを吸っていないか、授業をサボっていないかなどを見回る「校内・校外巡視」でした。授業時間、休み時間、昼休み、放課後に、教師が２人１組になって校内をくまなく見回ります。それだけでなく、登下校時には通学路周辺のほか、通学電車やバスに乗り込んで見回ります。工業高校に勤務していた時には、生徒がバイクの免許を無断で取りに行っていないかを運転免許試験場まで見回りに行ったこともあります。
　これらはいずれも学校の生徒指導として取り組まれるのですが、生徒指導部の教員だけでなく全教員が参加して、同じ基準、同じ指導方針で指導するという「全員一致の生徒指導体制」が敷かれます。
　校内暴力がある程度沈静化した後は、目立って頭髪・服装に違反したり、教師に対してあからさまに反抗的な態度を取るつっぱりたちは少なくなりましたが、このような生徒指導体制で主に指導対象となるのは「ちょっとした逸脱や校則違反」でした。

校内暴力で学校が荒れた原因の一つとして、生徒たちの「ちょっとした逸脱や校則違反」に対して、教師が甘い指導をしたり、バラバラな基準で指導したり、見逃したりしたことが深刻な事態を招いたとされます。その時の反省から、校内暴力後の多くの学校では「一致した指導体制」「早期発見・早期指導」「毅然とした態度で」という生徒指導体制が敷かれるのですが、生徒たちにとっては朝登校する時点から下校するまで、常に、そして全ての教師から監視の目にさらされ、ちょっとした校則違反でも厳しく指導されるという、まさにブラックな生徒指導を受けることになったのでした。当時、校内暴力後の学校におけるこのような厳しい生徒指導体制のことを管理主義と呼んだのでした。

●管理主義教育の「正体」

いわゆる管理主義は、管理主義教育とか管理教育とも呼ばれていますが、その正式な定義というものはありません。ウィキペディア（Wikipedia）では「管理教育」について、「学校（教員）が一元的に児童・生徒の在り方を決定し、これに従わせる様式の教育方法、ないしその方針である。主として、命令一下による集団行動の徹底に重きを置く」というように記述されています。一般的には、管理主義教育は、①校則による頭髪・服装などの取締まり、②体罰を含む厳しい指導、③成績や評価などによる脅しによって、教師が児童生徒に対して強権的に言うことをきかせようとする教育であると考えられます。

ここで確認しておきたいのは、指導と管理の違い、そして管理と管理主義の違いです。

教育学者の城丸章夫氏（千葉大名誉教授）は、指導と管理の違いについて、指導とは「相手をその気にさせることと、これを方向づけること」であるとしています。その上で、指導には「相手に拒否の自由、従わない事由を認めるものである」としています。一方で、管理とは「組織、集団としての実務の執行と統制力の行使」であるとしています。その上で、管理には命令と取締りという一定の拘束力、強制力が行使されるものであるとしています。

学校もまた、一つの制度的な組織・集団ですので、当然そこには、これを円滑に運営するための管理が必要であることは言うまでもありません。学校長は管理職という立場から、その学校のヒト（教職員、児童生徒）、モノ（施設設備）、カネ（予算獲得・執行）を管理して、学校という組織、集団を円滑に運営していかなければなりません。また学級担任が、自分のクラスの児童生徒一人一人についての出席、成績、行動などの状況について、把握し管理していくことは、学級という集団を組織して指導していくためには必要不可欠なことです。このような学校における教育活動を成り立たせるための管理は、教育のために必要な管理であり、正当な教育的管理であると言えるでしょう。

では、ここで問題となる管理主義や管理主義教育とはどのようなものなのでしょうか。

杉浦正幸氏によると、「教師の指導困難な状況が生じたとき、容易に指導が管理によって代行され、また指導の領域が侵食されて、管理主義が生じた」とされます。また城丸氏は、管理主義とは、「管理と指導が混同され、指導が管理化していることを指す」として、「指導が取締りや命令化することと、指導が事務でも処理するかのように非人格化的なものになっていくことを指す」としています。

城丸氏がその著作『管理主義教育』（新日本新書、1987 年）において、今日の学校における「管理主義教育」には、「命令・規則・強制・取締り一辺倒の傾向を持つ教育」である「取締り主義的管理教育」と、「教育を事務でも行なうかのように機械的形式的に行なう教育」である「事務主義的管理主義教育」の二つの側面を持っているとしています。

城丸氏は、この「取締り主義的管理主義教育」の原型は、戦前の皇国主義教育と軍隊的服従教育とが組み合わさった「絶対服従型教育」であるとしています。戦前の学校では、天皇と国民との全人格的絶対服従関係を、学校の教師と子どもとの関係にそのまま適用して、教師に対する絶対的服従を軍隊的な訓練によって注入していきました。

それは子どもたちに全人格的な絶対服従を要求するものであり、どんなに不合理で理不尽な指示であっても、上から下されたものには絶対に服従しなければならず、その服従の当否や理由を考えることや、反発することを許さないものでした。そのような絶対服従型教育の下で、教師による体罰は、戦前においても法律で禁止されていたにもかかわらず、超法規的に横行していたのでした。

戦後になり日本国憲法と教育基本法が制定されるなど戦後教育改革が実施され、それまでの皇国主義教育と軍隊的服従教育は全面的に否定され、表面的にはイデオロギーとしての皇国主義と軍国主義は排除されました。しかし、教師と児童生徒との上下関係と絶対的服従関係は、校則と制服、そして体罰とともに日本の学校の中に残り続けていったのでした。

城丸氏は、もう一つの「事務主義的管理主義教育」は、日本の戦後における国・文部省による教育行政、とりわけ学校や教師に対する統制・労務管理に起源があるとしています。戦後教育改革のスタート時点では、文部省は学校や教師に対して、一定の教育の自由や自治を認めるところもあったのですが、朝鮮戦争が勃発した1950年以降、「逆コース」の動きのなかで、次第に学校や教師への官僚主義的な統制・労務管理を強めていきました。

特に1956年に「地方教育行政の組織及び運営に関する法律」が制定されたことによって、教育の地方自治をめざした教育委員会制度がなし崩しにされるとともに、学校管理規則の制定によって再び学校が国・文部省の監督下に置かれることになりました。さらに1958年の学習指導要領の改訂によって、それまでは教師の指導のための試案であって参考にすべきものにすぎなかった学習指導要領が、法的拘束力がある基準として全国一律にどこの学校でも従わなければならないものとされたのでした。

学校の教員に対する労務管理においても、国・文部省は1957年の「勤務評定」の実施から始まって、「職員会議の諮問機関化」「主任制の導入」など次々と職場の民主的自治を破壊し、校長を頂点とした階層的な組織とすることで、国・文部省→教育委員会→校長→主任層→一般教員というタテ系列の指示命令監督の管理システムをつくりあげました。このような流れの中で、学校での教師の仕事は、ただ国・文部省から指示命令されたことだけを忠実に遂行すればいいという、まるで「教育を事務でも行なうかのように機械的形式的に行なう」という「事務（官僚）主義的管理主義教育」が広がっていったとしています。

城丸氏が指摘した二つの管理主義教育の分類に加えて、杉浦氏は「能力主義的・競争主義的管理主義教育」があることを指摘しています。これは1970年代からの高校への進学率の上昇にともない、受験学力による能力主義的な競争に日本の学校の教師と生徒が巻き込まれていく中で、教師が成績の評価権や内申書をたてにとった忠誠競争を生徒たちに強いていくような形での「能力（競争）主義的」な管理主義が広がっていった、としています。

●校内暴力の原因は管理主義だった

校内暴力が沈静化した後に、学校に管理主義が広がったと言われますが、必ずしもそうとは言えません。校内暴力という事態が起きる以前から、日本では管理主義の教育は行われていたのであり、むしろ管理主義は校内暴力を引き起こした原因の一つでもあったと言えます。

日本の管理主義教育は、戦前の皇国主義教育と軍隊的服従教育とが組み合わさった絶対服従型の「取締り主義的管理主義」を原型とし、さらに戦後の国・文部省による学校や教師たちへの統制・労務管理を強めていたことによって広がった「事務主義的管理主義」と、受験学力による能力主義、教師の評価権や内申書をたてにとった忠誠主義による「能力主義的管理主義」を加えて、戦後の学校教育に深く浸透していったのでした。

校内暴力の主役であったつっぱりたちは、まさにこれらの管理主義が生み出した「鬼っこ」と言えるかもしれません。そんなつっぱりたちが、学校や教師に反抗して暴れた時、彼らが口にした理由に、教師たちから「厳しく指導された」「たたかれた・殴られた」「（勉強ができないことで）差別された」「（きちんと指導してほしいのに）無視された」という言葉がみられるのは、そのことを示しているのではないでしょうか。

しかし、そのような管理主義が生み出したつっぱりたちに対して、当時の学校と教師たちが行なった対応の多くは、①校則による取締り、②体罰による厳しい指導、③成績や内申書による脅し、という“三つの力”による管理主義的な生徒指導でした。

当時のつっぱりたちの学校や教師に対する反発や反抗は、きわめて攻撃的なスタイルや行動で示されていました。これは彼らがもともと攻撃的な性格を持っていたということではなく、学校の中で常に管理主義的な生徒指導に権力的にさらされてきたことによって、学校の中で（能力主義的に）最も弱い立場に置かれた彼らが、ある意味自己防衛的に攻撃的なスタイルや行動を取らざるを得なくなっていったのではないでしょうか。

ある意味で、つっぱりたちの反発・暴力は、戦後日本における管理主義的な教育に対する抵抗であり、告発だったのかもしれません。校内暴力という事態が起きる十数年前、いくつかの大学・高校では学園紛争や高校紛争という事態が起きていました。この時の主役は大学生やいわゆる進学校の高校生たちでした。彼らの行動もまた戦後日本の社会や教育・学校に対しての抵抗・告発だったのですが、最終的にはこの時も警察力の導入によって強圧的に沈静化がはかられたのでした。

その十数年後に起きた校内暴力もまた学園・高校紛争と同様に、戦後の日本の学校における管理主義的な教育に対する生徒たちの抵抗であり告発であったように思います。

だとするならば、その時の学校や教師たちの対応は、それを権力的に押さえ込もうとするのではなく、彼らの反抗的な行動の根底にあった告発の声に耳を傾けて、戦前から続き戦後さらに強化されていった管理主義的な教育について、根底から問い直すべきだったのではないでしょうか。

●進学者急増期の新設校における管理主義

管理主義には「取締り主義」「事務主義」「能力主義」の三つの形があり、それらが重なっていくことで校内暴力という事態が引き起こされ、さらに校内暴力に対応するための管理主義が生み出だされました。このような校内暴力という事態に対応するための管理主義とは、また別の形の管理主義が生み出されていました。それが「新設校型管理主義」です。

1970年代から1980年代にかけて、日本全国で「新設校ラッシュ」と呼ばれる高等学校の新設が、ものすごい勢いで広がっていきました。これは、当時の高度経済成長を背景とした高校への進学率の上昇と子ども（中卒者）の増加が大きな原因でしたが、この時の高校の新設には、ある特定のパターンが見られました。

まず、そのほとんどの高校が全日制・普通科であり、一学年8～10クラス以上の大規模校が多かったことでした。急増する高校への進学者に対応するために大規模化は避けられませんでしたが、なぜ普通科だったのでしょうか。

1950年代の一時期、文部省は高校の多様化路線として職業高校の新設を進めたことがありました。しかし、中卒者の多くは普通科への進学志向が強く、「普商工農定」というような学校間格差の序列が形成されてしまいました。その結果、職業高校や定時制高校には、普通科に進学できなかった「不本意入学者」が増えて、非行・問題行動や中途退学者が増加するという問題が起きてしまったのでした。そうしたことから新設高校のほとんどが全日制・普通科になったのですが、ここで大きな問題となるのは、その新設校がすでにでき上がっている学校間格差の序列のどこに位置づけられるかでした。

その序列の上位に位置している進学校は、成績の良い子が集まる伝統校ばかりで、新設校がいきなりその位置につくことは難しいことでした。そして中位から下位には「商工農」という職業高校が位置していますので、新設校がそれらの職業高校よりは上位に、そして出来るだけ伝統校に追いつける位置につきたいと考えたのは、ある意味当然だったかもしれません。

このようなことから、高校における新設校は、開校する前から、ある独特の校風や教育方針、教育内容、教育方法の原型がつくられていきました。その独特の形の一つの傾向が「新設校型管理主義」だったのです。

●「東郷モデル」－新設校型管理主義の起源

1980年代に広がった管理主義ですが、当時「西の愛知、東の千葉」と呼ばれて管理主義の2大発進地とされたのが愛知県と千葉県でした。特に、愛知県立東郷高校は、同県内の新設校のモデルとなっただけでなく、当時全国から見学者が殺到し、全国的な新設校のモデルにもなったとされています。

東郷高校は1968年に開校した新設校ですが、いわゆる新設校ラッシュと呼ばれる1970年代以前の開校であり、愛知県でも新設校のさきがけとなる学校で、この東郷高校以降に設置された高校を新設校とし、それ以前の高校は既設校と呼ばれていました。

愛知県では1980年までに38校の新設校が開設され、これらの新設校の校長だけが集まる「新設校高校教育推進連絡協議会」がつくられました。それらの学校の管理システムや教育内容、生徒の指導方法などを絶えず情報交換し、緊密な連絡をはかっていきましたが、その中心校となり愛知県の新設校のモデルとなったのが東郷高校でした。

後述しますが、東郷高校は愛知県のみならず全国の新設校のモデルとなる、きわめて管理主義的な教育を行なったことで有名です。そして東郷高校の管理主義は、全国的に非行・問題行動が頻発し、校内暴力という事態が起きる以前に構想され、始まっているのです。

東郷高校が開設された1968年ごろは、ちょうど全国の大学や高校で紛争が頻発していた頃であり、また教職員組合と教育委員会・文部省との対立が激化していた頃でもありました。そうした時代の雰囲気を背景に東郷高校が構想され開設されたことは、この学校の独特な性格を考える上で重要な意味を持ちます。

また当然のことですが、新設校の場合は教育方針・方法などの原型を、まだ生徒が入学する前に誰かが構想しなくてはなりません。つまり、すでに学校にいる生徒に合わせて教育方針・方法を考えるのではなく、生徒が入ってくる前に考えた教育方針・方法に生徒を合わせていく学校だということです。多くの場合、新設校の原型を考えるのは初代校長となる人物であったり、教育委員会の幹部職員だったりしますが、東郷高校の場合は、初代校長の酒井健氏であると言われています。

東郷高校の管理主義については、宇治芳雄氏の『禁断の教育』(汐文社、1981年)や有賀幹人氏の『教育の犯罪－愛知の管理教育』(国土社、1983年)、鎌田慧氏の『教育工場の子どもたち』(岩波書店、1984年)などの詳細なルポルタージュが出版されています。これらの著作で明らかにされている東郷高校の管理主義による教育の実態のすさまじさは驚くべきものですが、同時に、その後日本全国に広がっていく管理主義のすべての要素がすでにここで実施されていることにも驚かされます。

『禁断の教育』で紹介されている初代校長・酒井氏の基本的な教育観を一言でいうと「厳しさの教育観」です。酒井氏の教育観の根底にあるのは、日本の戦後教育は子どもたちを純粋無垢とみる傾向があり、わがままを認めすぎているという戦後の教育改革への批判的視点です。その上で生徒指導では、生徒たちが集中して取り組む訓練や感動体験が必要であると同時に、善悪のけじめを厳しく指導しなければならないとしています。

このような初代校長・酒井氏の教育観が、東郷高校の原型にあることは間違いありませんが、この教育観を実施していくためには、その理念に共感して実践していく教師集団が必要となります。新設校の特徴の一つに、開校時の教員については初代校長が大きな権限を持って集めることが出来ることがあります。東郷高校には、酒井氏の教育観に共感し、それを実践していこうとする教師たちが集められたのでした。

酒井校長と教師集団によって構想され実践された東郷高校の教育の原型とは、どのようなものだったのでしょうか。それを一言でいうと、学習指導についても生徒指導についても徹底した管理体制をつくっていくことでした。東郷高校の当時の「研究紀要」に載っている以下の開校当時のエピソードから、その徹底した管理体制の一端をうかがうことができます。

「四月五日、昭和館にて開校式と入学式を行なった。（中略）まさに騒がしき烏合の衆である。整列指導に当たっていた担任六人、期せずして目を合わせ、次の瞬間誰からともなく大声で怒鳴りつけた。あの瞬間に東郷高校は産声をあげたのである」

「バスの遅延による遅刻も事故証明でも出た時以外は厳しく指導された。毎朝の朝礼時など遅刻者は正座したものだった。忘れ物は原則として取りに帰された。遠くの者など往復してくると授業後になってしまうこともあった」

「本校のみならず、県内多数の新設校で行なわれている学習指導の方法や手順のいくつかは、本校開校初年度にその原型を見ることが出来る。昭和43年度に入学した本校第1回生の学力は愛知県全体の中学卒業生の中で中程度に位置し、公立普通科入学者の中では下位に属するものと推定された。本校入学者の学力の低さは、必ずしも潜在的本質や能力の低さによるものではない。無理を承知で困難な課題に取り組ませ、苦しみを経て得られる成功感、成就感を味あわせるといったプロセスを繰り返すうちに、『やればできる』の自信を植え付けると同時に教師の側も指導に手ごたえを覚えるようになった」
「入学当時の生徒の言動から察して、正しい学習活動を実現する前提条件としての基本的な生活習慣が欠如していることが痛感された。集団行動訓練、挨拶、返事、無遅刻無欠席の励行、提出物の期限厳守等が日常的な姿勢で指導に当たった」
このような徹底して厳しい管理体制を生徒の入学以前から確立しておくところに「新設校型管理主義」の原型があると思います。

●「ぎりぎりの指導」という徹底した管理体制

東郷高校の徹底した管理体制は、大きく学習指導と生徒指導の二つの面において敷かれています。
学習指導の面においては、新設校に入学してくる生徒たちの学力は「中学卒業生の中程度に位置し、公立普通科入学者では下位に属するものと推定される」ので、一日３時間以上の学習習慣を身に付けるために、小テスト、宿題テスト、基礎学力テスト、定期テストを課し、その都度、通知票などで本人と保護者に知らせるとともに、クラス内での順位づけやクラス対抗での英単語試験、漢字試験などで競争させました。下位になったクラスの女子生徒が髪の毛を切ったり、男子生徒が丸坊主にさせられたりしたそうです。
このような学習指導に生徒たちを専念させる前提条件として、基本的な生活習慣の確立をめざして「団体行動訓練、挨拶、返事、無遅刻無欠席の励行、提出物の期限厳守等」を日常的に厳しく指導していく体制が敷かれることになります。その特色について「研究紀要」には、「集団の成員として規律と団結を重んずる教育」であるとしています。
その実現のためには、「教師と生徒が共に夢と可能性を求めて、汗と泥にまみれていく中で共に感動と感激を味わう」ことであり、「この共通体験が他のすべての場面でのぎりぎりの指導を可能にする信頼の基盤である」とされています。どうやらこの「ぎりぎりの指導」というのが東郷高校の生徒指導の特色であり本質であると思います。
東郷高校の「学校管理案」では生徒指導は以下のようなことが規定されていました。

・全職員が一致した方針のもとに、一体となって生徒の指導に当たらなければならない。
・職員の生徒指導体制を確立し、積極的な生徒指導にとり組む。
・生徒の集団行動の訓練や学校行事を重視し、生徒全員が一丸となって参加し、ホームルーム、学年、学校への連帯感を高め、感激と感動を体験させる。
・しつけ指導を大切にし、善悪のけじめをつけることを徹底させる。

このような東郷高校の生徒指導の方針と体制によって、日常的なしつけや規律指導の厳しさに加えて、①「マル東訓練」と呼ばれる集団行動訓練、②学校行事の重視、とりわけ林間学校での極限体験、③部活動の全員加入などが、「教師と生徒の共通体験による感動と感激」を味あわせる「ぎりぎりの指導」として取り組まれました。

先の「研究紀要」には、このような東郷高校の生徒指導体制について、「戦後教育が育んできた望ましい人間像の見直しと相俟って、新しい対応が要求されていただけに、過去の陋（ろう）習に捉われることなく全く新しい発想による学校経営を可能にする新設校としての本校の生徒指導は、新しい生徒指導のあり方に対する一つの実験としての意義をもっていたのであろう」と書かれていますが、まさにこの「生徒指導のあり方に対する一つの実験」こそが、新設校型管理主義そのものの正体なのです。

このような徹底した指導と管理による東郷高校の生徒指導体制は、以後の愛知県の新設校の生徒指導体制のモデルとなっただけでなく、日本全国の新設校の生徒指導のモデルとなって広がったのでした。

●教職員に対しても厳しい管理体制

東郷高校における徹底した管理体制は、入学してきた生徒たちに対してだけではなく、その学校の教職員に対しても敷かれていきました。新設校の開校時の教員は初代校長が集めることができます。東郷高校には、そのようにして酒井校長の「厳しさの教育観」に共感した教師たちが集められました。

このように最初に集められた教員の年齢層はだいたい30～40歳台の中堅層で、教職員組合に加入していない教員が多かったようです。初年度以降の人事異動で入ってくる教員の多くは初任者か2校目という20歳台の教員が多かったようです。このような教員の年齢構造も、この後の新設校に見られる典型モデルとなっていきます。

中堅層の教師たちは分掌主任や学年主任を担い、校長の教育理念と方針に従って厳しい教育を具体化する中心となっていきます。特に学年主任となった教師は、自分のクラスがそのモデルとなるように厳しい教育を徹底的に実践していくことになります。まわりの他のクラスの担任たちは、そのモデルとなったクラスに習って同様の厳しい教育を実践していくことになるのです。

東郷高校では、校内での教員研修体制がつくられますが、これは教師としての見識や実践力を互いに高めるための研修というよりは、分掌ごとに開かれる研修会議において、それぞれの分掌主任から新任教員に対して東郷高校における厳しい教育をしっかりと教え込むための研修であったようです。

東郷高校では、酒井校長が考えた学校運営の基本理念や方針をトップダウンで分掌主任や学年主任という中堅の主任層に下して、それをそれぞれの主任たちが分掌や学年に徹底させていくというシステムになっていました。したがって職員会議はありましたが、それは協議や合意形成の場ではなく、ほとんど一方的な伝達の場であったそうです。

学校運営における重要なことは、ほとんど校長が決めるか、主任会議で決まってしまい、一般教員は決まったことを執行するだけということになります。このような、校長→教頭→主任→一般教員というタテ系列の職階制による上位下達の指示命令システムは、その後全国の新設校のモデルとなっただけでなく、全国のすべての学校の職場組織のモデルとなって広がっていきました。

このように新設校型管理主義は、教師が生徒たちを厳しく徹底的に管理るすだけでなく、その学校の教師たちをも厳しく徹底的に管理していくものだったのです。

●「校内暴力後の管理主義」の広がり

このように見ると、1968年に開校した東郷高校において、すでに管理主義の三つの要素である「取締り主義」「事務（官僚）主義」「能力（競争）主義」がすべて出そろっていることが分かります。そういった意味で、管理主義は校内暴力後に形成されたものではなく、それ以前から存在していたのです。

そして1970年代後半から1980年代前半の校内暴力の時代において、管理主義はつっぱりたちの反発を引き起こしていく一方で、それに対応した「非行・問題行動対応型管理主義」として強化されていったのでした。同時に、全国の新設校の中に「東郷モデル＝新設校型管理主義」としても広がっていったのでした。

このような「非行･問題行動対応型管理主義」と「新設校型管理主義」が、統合される形で1980年代に日本全国の学校に広がっていったのが、私が「校内暴力後の管理主義」と呼んでいるものなのです。

校内暴力後、その対応と予防のための対策として、文部省が唱えたのは、「一致した指導体制」、「早期発見・早期指導」、「毅然した態度」です。この三つのキーワードをもとにして、日本全国の学校に広がっていったのが校内暴力後の管理主義でした。その特徴は、生徒指導の①全体化、②日常化、③身体化、④内面化です。

生徒指導の「全体化」とは、学校における生徒指導を、一部の教員だけが担うのではなく、全教員が一体となって、一致して、同一の基準で、学校全体で行なうことです。さらに、生徒指導の対象となるのが、一部の問題行動を起こす生徒たちだけではなく、まだ問題行動を起こしていない生徒たちも含んだものとなるという意味でも全体化するということです。

生徒指導の「日常化」とは、生徒指導が児童生徒の問題行動が起きたときに対処するだけでなく、問題行動が起きる以前から日常的に生徒指導を行なっていくという意味です。たとえば、校門・玄関指導や一斉頭髪・服装点検などは、大きな非行・問題行動が起きる前に日常的に児童生徒の状況を監視し、問題行動の芽を早期発見して早期指導していくことです。校内外の巡視指導も、児童生徒が問題や事件を起こす前に、日常的に児童生徒の様子を監視していくという意味でもあります。

生徒指導の「身体化」とは、学校における生徒指導が、とりあえず目に見える服装や頭髪という身体的なものへの指導に重点を置くということです。校内暴力の時代、つっぱりたちはその反抗的な姿勢を、逸脱的な服装・頭髪という身体的なものとして表現していました。校内暴力後の学校・教師たちは、問題行動の芽は必ず服装や頭髪の逸脱として表現されるはずだとの考えから、ちょっとした服装や頭髪の逸脱も見逃すことなく早期発見し、早期指導しなければならないとして、生徒指導が彼らの身体化された逸脱行為に集中していくことになったのでした。

生徒指導の「内面化」とは、生徒指導が、児童生徒の表面的な服装・頭髪の逸脱とか反抗的な態度などのような表面的なところにとどまらず、児童生徒の内面的なところにまで踏み込んだ指導を行なうことです。児童生徒の服装や頭髪、反抗的な行動を表面的に取締ったとしても、その児童生徒の内面に学校や教師に対しての不信感が残っていれば、またいつか校内暴力という形で爆発する可能性があります。そこで、児童生徒自身が教師の側からの指導を内面化して、その指導に自発的に従うように指導していくというものです。

このような校内暴力後の管理主義における生徒指導の全体化・日常化・身体化・内面化に共通しているのは学校の基本的秩序の確立と維持が最優先されるということです。校内暴力という事態は、学校の基本的秩序が崩壊することでした。それは、同時に学校における教師と生徒の基本的な関係の崩壊でもあったのです。校内暴力を経験した学校と教師にとって、それはまさに“悪夢”のような事態でした。そんな事態を二度と起こしたくないというのが、教師たちの共通した心情でした。

このようなことから校内暴力後の管理主義における生徒指導は、予防検束・保安処分的な生徒指導になっていったといえるでしょう。それは「問題が起きてから対応する」生徒指導ではなく、「問題が起きる前に、その芽をできるだけ早期に発見し、早期に指導して摘みとる」生徒指導です。

なぜ学校と教師は、そうしなければならなかったのでしょうか。当時よく言われたのが「そんなこと（甘い指導）をしていると、また学校が荒れるぞ」という脅し言葉でした。校内暴力という学校の基本的な秩序が崩壊する事態は、教師たちにきわめて深刻なトラウマを残しました。校内暴力という悪夢の時代に二度と戻りたくないという、学校と教師の不安と恐れが、このような予防検束的な生徒指導の広がりを招いたのだと思います。そして、このことが校内暴力後の学校の生徒指導をよりブラックなものにしていったのだと思われます。

第 10 章

死に至る生徒指導

―体罰死と指導死

●教師の「指導」で奪われた命

1970年代から1980年代前半にかけての校内暴力と1980年代後半以降の管理主義の時代を経て、日本の学校は暴力と死をその内部に包み込むようになっていきました。

それ以前にも、学校での暴力や死がなかったわけではありませんが、多くの場合それは学校の外からもたらされたり、偶発的だったり不慮の事故といえるものでした。しかし、校内暴力と管理主義の時代以降の学校における暴力と死は、学校という制度そのものがもつシステムの「きしみ」そのものから生じてきているように思います。

また、新聞やテレビなどのメディアが、学校における暴力や死に対してより注目して、そうした事件を大きく報道するようになったこともあります。その転機となったのは、1980年10月の「和歌山県尾鷲中学校の校内暴力事件」で警察官が校内に導入されたニュースだったと思います。

校内暴力は1970年代後半から全国的に広がっていましたが、深刻な事態が学校で起きていることがこの報道によって広く知られたのでした。翌年、翌々年と校内暴力の件数は激増しますが、これは単純に発生数がそれだけ増えたということではなく、社会的に注目されることによってそれまで校内暴力としてカウントされなかった事例が、数として上がってきたからだと思います。メディアが大きく取り上げた事件の後には発生件数が急増する事態は、いじめ問題でも同じように起きています。

1980年代後半には校内暴力の発生件数は次第に減少しますが、これも校内暴力自体が沈静化したということではなく、1986年に東京都の中野富士見中学校で起きた「葬式ごっこ自殺事件」によって、メディアの関心がいじめ問題に集中した面もあるのではないか、と考えられます。

校内暴力は、警察力の導入や学校の管理体制の強化によって、生徒による対教師暴力や校内の器物損壊は少なくなった一方で、教師による体罰を含んだ暴力的指導の広がりへと変化していったように思います。そうした中、教師による指導という名の体罰と校門指導によって生徒の命が奪われた事件が1985年、1990年と相次いで起きてしまったのです。

●岐阜県立岐陽高 ― 修学旅行先での体罰で

1985年5月、岐阜県立岐陽高校2年生の男子生徒が、修学旅行先の宿舎で担任の教師から殴る蹴るの暴行を受けて死亡しました。

男子生徒が通っていた岐阜県立岐陽高校は1976(昭和51)年開校の新設校でした。全国的に高校進学者が急増した中、岐阜県でも1975年から1984年の間に普通科10校、職業科2校が新設され、いわゆる「昭和50年代新設校」と呼ばれている高校でした。

当時全国的に相次いで開校した新設校と同様に、岐陽高校もまた“厳しい生徒指導”の体制が敷かれていました。開校当初は入学定員を超える志願者があり、落ち着いた雰囲気でスタートしたのですが、その様相が変わっていったのは開校5年目ごろからでした。生徒急増期への対応から学年6クラスから10クラスの大規模化したのですが、他の新設校の開校も相次いだことから志願者の定員割れが続き、入学してくる生徒たちの質が変わっていきました。

宿題や提出物を出さない生徒、改造した制服や学生カバンの使用者が目立ち始めました。また、万引きや窃盗事件のような非行も相次いで起き、1981年の退学者は21人、特別指導による停学者は147人にも達して、校内暴力の初期症状が現れていました。

こうしたことから、この頃異動してきた校長と教員たちによって、変化してきた生徒たちの状況に対応するための「強い力による指導体制」がつくられました。細かなところまで決めた校則による取締り指導が強化され、全教員総出での校門指導や全校集会での一斉点検などが行われ、違反した生徒たちを全教員一体となって指導する体制が確立されました。岐陽高校は、まさに愛知県立東郷高校を典型的なモデルとする「新設校型管理主義」の学校になっていったのでした。

そんな中で、同校で急速に広がっていったのが教師の体罰でした。当時はかなりの数の教員が体罰をふるっていたと言われています。一方で半数近くの教員は体罰をふるうことなく、また他の教員の体罰を批判的に思っていた教員もいたのですが、全教員による「強い力による生徒指導体制」の中では、声を上げることができなかったようです。明らかに異常な雰囲気のもとで管理主義が進んでいく中、体罰死事件が起きてしまったのです。

事件は1985年5月7日から3泊4日で行われた、2年生の茨城県内への修学旅行中に起きました。加害教師に有罪判決を言い渡した水戸地方裁判所の認定事実によれば、事件の様相は以下のようでした。

同校のA教諭（当時36歳）は、旅行開始直後の所持品検査で担任するクラスの生徒Rが学校側から禁止されていたヘアアイロンを持参しているのを発見して取り上げ、9日朝にも同じく担任クラスの生徒Sがヘアドライヤーを使用しているのを目撃し、これも取り上げました。同日の朝食後、A教諭が教員使用の自室に戻ったところ、これまた担任クラスの生徒Tが、ドライヤーを持参していたことを生徒指導担当であるB教諭（同32歳）に見つかり、正座させられていました。

A教諭とB教諭は3人を同時に説諭することにし、B教諭はA教諭に呼び出された2人も正座させ平手で3人の頭部を殴打しました。そしてA教諭に対して、その前任校を引き合いに出し「K商はこんなもんか」と、生徒指導についてのA教諭の“甘さ”をなじるような言葉をはきました。

A教諭は、こうしたB教諭の言動から3人を厳しく指導しなければ示しがつかないとの気持ちになり、また担任クラスの生徒ばかりがドライヤーを持参したことで腹立たしさが募り、Rに対して体罰を加えました。

続いて今度はTを叱責して、強い調子で「何でこんなもの持ってきた」と尋ねましたが、Tは返事をしませんでした。情けない気持ちと腹立たしい思いに駆られたA教諭はTに殴る蹴るの暴行を加えたうえ、倒れたTの頭を踏みつけ、腹部を蹴り上げました。その直後、Tはうめき声をあげて全身にけいれんが広がり、病院に運ばれましたが急性循環不全により死亡しました。

A教諭は傷害致死罪で逮捕・起訴され、水戸地裁は懲役3年の実刑判決を言い渡しました。また、岐阜県教委から懲戒免職処分を受けました。B教諭も暴行容疑で書類送検されましたが、不起訴処分となりました。

●「体罰をふるわない教師」による死に至る暴力

A教諭は、この年の4月に県内のK商業高校から異動してきたばかりでした。前任校は職業高校ということで当時の高校間格差の序列では中から下くらいに位置しており、生徒たちの校則違反や非行問題行動も少なくない学校でした。生徒指導においてそれなりの管理や体罰もあったようですが、全校体制で徹底して厳しく指導するようにはなっていませんでした。そんな中で、A教諭は一貫して「体罰をふるわない教師」でした。生徒指導が大変な学校においてはある程度の体罰は必要かもしれないという気持ちもありながら、自分自身は体罰はやらないという考えだったようです。

そのような生徒指導の“甘さ”を同僚教師や管理職から指摘されることがあっても、A教諭は校則違反や非行を繰り返す生徒たちに体罰をふるうことなく、人間関係をつくりながら粘り強く指導してクラスをまとめていく教師だったそうです。

一方、生徒指導担当のB教諭はA教諭よりも数年早く岐陽高校に着任していて、当時の新設校型管理主義による「強い力による生徒指導体制」の中での最尖兵として、体罰をふるう教師でした。授業中だけでなく、休み時間や放課後にも校則違反や態度の悪い生徒を職員室に呼び出しては、竹の棒でたたくなどの体罰を加えていました。

彼はA教諭の裁判で、日常的に生徒をたたいていたことについて、「体罰だと思っていなかった」と証言しています。彼にとって体罰とは「相手が血を流したり、外傷を負ったり、極端なけがをすること」であり、教師として「冷静に判断、対処できるならば2回か3回たたいてもいい」と思っていたそうです。それくらいの「社会通念上、是認し得る程度のことは、生徒指導の現場の中では仕方がないのかな」と思い、「それをやると生徒から嫌われますし、憎まれますが、これは仕方がない、自分の役目だ」と考えて、自ら先頭に立って「強い力による生徒指導」を行なっていたと証言しています。

そのようなB教諭の立場から見て、A教諭の指導は生ぬるいものに映ったのではないでしょうか。A教諭のクラスの生徒がB教諭に呼び出されて叱責されたり体罰を受けたりすることもあり、A教諭はB教諭から面と向かって「あんたの指導は甘いんじゃないのか」と言われたこともあったようです。

この事件では、最初に生徒たちに体罰をふるったのはB教諭でした。しかし、ドライヤー持込禁止の決まりを破ったのが3人ともA教諭のクラスであったことが、A教諭を精神的に追い詰めたことは間違いないでしょう。決定的だったのはB教諭が言った、「K商はこんなもんか」という一言でした。その時の気持ちを、A教諭は裁判でこう証言しています。
「B先生の『K商はこんなもんか』を聞いて、非常に追い詰められた気持ちになりました。私のクラスの生徒が3人も規律違反をして、B先生が指導された後、担任である私に対して、どうなんだ、というふうに言われて、担任としてその場から逃れられないという非常に追い詰められた感じになりました。生徒はなんでもっとしっかりできんのだという感じで、情けないような、腹立たしい気持ちになりました」
この後、A教諭は突然、彼がそれまで行ったこともない激しい体罰を生徒にふるい始めたのでした。
お寺の家に生まれ、小さな時に父親を亡くして小学校5年生から僧侶としての任を果していたA教諭は、おそらく子ども同士のけんかや激しいスポーツのぶつかり合いの経験も少なく、身体的な攻撃の加減についても身に付いていなかったと思われます。生徒をたたきながら、次第に感情の高まりが抑えられなくなり、体罰というより限度を超えた身体的な暴力になっていったのでした。
教師の暴力にさらされて16歳で命を落としたT君はスポーツマンで、高校ではラグビー部に入って活動し、入学以来無欠席で遅刻は1回だけという真面目な生徒でした。服装や頭髪などの校則違反で指導されたことはほとんどなく、一度だけ雨の日に規定の雨合羽を着ていないという理由で生徒指導部の教師から体罰を受け、全治2週間のけがをしましたが、そのことを親に言うことはありませんでした。
この事件の発端となったドライヤーは、同じクラスの別の生徒が持ち込んだものを数人で使いまわしていて、たまたまT君が使っていた時に発見され、彼が指導を受けることになってしまったのでした。
校内暴力が激しかった頃は、体罰は、それを行なう体罰教師と、それを受けるつっぱり生徒という限定された関係性があったように思われます。しかし、校内暴力後の管理主義における生徒指導体制では、それまで体罰を行わなかった教師が、それまで体罰を受けなかった生徒に対して体罰をふるうという事態が生じていったのでした。

●神戸高塚高校では校門圧死事件

兵庫県立神戸高塚高校は1984年4月に開校した新設校でした。この高校で「校門圧死事件」が起きたのは1990年7月6日のことでした。

神戸高塚高校では開校当初から生徒指導については、「服装を整える」「あいさつの励行」「遅刻をしない」などを基本的な心構えとして掲げ、毎朝校門での遅刻指導にあたっていました。当初は門扉の閉門は行なわず、8時30分を過ぎて遅刻した生徒については生徒手帳を預かって名前を記録、ペナルティーとして朝の運動（グランド2周）を科していました。

ところが1987年に同校から800m離れた所に新しい地下鉄の駅ができ、大多数の生徒がこの駅から通学するようになってから遅刻者が増えてしまいました。このため、職員会議で8時30分に門扉を閉鎖して遅刻者を指導することを決め、生徒指導部が作成した当番表に従い教員3人が校門での遅刻者の指導にあたっていました。

校門の門扉は長さ6m、高さ1.5m、重さ230kgの鉄製引戸で、その底部の滑車によって移動するものでした。この門扉を閉鎖して遅刻指導を行なうことになりましたが、その具体的な閉鎖方法や誰が行なうかについてなどは取り決めがなく、当番教員の判断に委ねられていました。この事件の当事者となったH教諭（当時39歳）は同校着任以来、校門での遅刻指導では自ら門扉を閉鎖する任につき、8時30分ぴったりに門扉を閉鎖していました。

一方、この事件の被害者である1年生の女子生徒のIさん（当時15歳）は、普段は遅刻したことはなかったのですが、この日はたまたま友達と待ち合わせて一本遅い地下鉄に乗車しました。地下鉄の駅から徒歩で学校に向かいましたが、校門手前200mくらいのところで前方の生徒が走り始めたので追従して走りました。

H教諭は、自分の腕時計で午前8時29分50秒から秒読みを始め、8時30分ちょうどに門限を告げるチャイムが鳴り始めると同時に「閉めるぞ」と声をだして、一気に門扉を閉めました。途中から惰性がついた門扉は、校内に駆け込もうとしたIさんの右側頭部を直撃、門扉と門壁の間にはさまれました。

Ｉさんは病院に搬送されましたが、頭蓋骨粉砕骨折等による脳挫傷で死亡が確認されました。

Ｈ教諭は、業務上過失致死容疑で起訴され、神戸地方裁判所で禁錮１年・執行猶予３年の有罪判決が言い渡されました。また兵庫県教育委員会は、Ｈ教諭を、「安全を確認せずに門扉を閉め、生徒を死亡させた行為は、教育者としての配慮を著しく欠いた」として懲戒免職処分としました。

●「厳しい指導ができる教師」が奪った命

校門の門扉を閉めたＨ教諭は、事件の４年前にこの学校に異動してきた教師歴15年目の社会科担当教師でした。

1976年に兵庫県の高校教員となったＨ教諭が最初に赴任したのは、当時荒れていた県立Ｎ工業高校でした。教師と生徒との心温かい人間関係を求め、理想と希望に燃えて教師となっただろうＨ教諭でしたが、最初に出会ったのは、教師への反抗、異様な服装・頭髪、繰り返される問題行動という荒れた生徒たちでした。

こうした厳しい現実にショックを受けて、彼が選んだ教師としてのアイデンティティは「厳しい生徒指導ができる教師になる」ことでした。それは「毅然とした態度で、原則を貫き、決して生徒に妥協しない教師」であり、「意欲と情熱をもって生徒に体当たりでいどむ教師」というものだったようです。一方で中高生時代の経験を生かして野球部の顧問として部活動の指導にも力を入れます。

４年後に、彼は県立Ｍ高校に転勤となります。この高校も、いわゆる困難校・底辺校で、この当時の校内暴力後の学校秩序の立て直しパターンである教師集団が全員一致して、毅然とした態度で指導するという管理主義的な生徒指導体制の高校でした。同校でＨ教諭は、積極的に厳しい生徒指導ができる教師としての役割を引き受けていきます。また引き続き野球部の顧問となり、弱小だった部を猛練習によって強化しようとしますが、部員を殴打して懲戒処分を受けたこともありました。

そして1987年に２度目の転勤によって、神戸高塚高校に異動しました。同校はいわゆる「昭和50年代新設校」であり、開校当初から初代校長の強いリーダーシップにより教師集団が全員一致して、毅然とした態度で指導するという、前任校と同様な管理主義的な生徒指導体制が敷かれていました。H教諭は、「厳しい生徒指導ができる教師」「野球部の顧問」という実績を買われて、当時の校長から請われて同校に異動してきたのでした。

しかし、開校4年目に入って、「全員一致の指導体制」が少しずつ揺らぎつつあった中、H教諭はなかなか足並みが揃わない教師たちと、なかなか指導に従わない生徒たちの両方から、彼の教師としてのアイデンティティは危機にさらされるのでした。そのような危機感が端的に現れたのが校門指導の場面だったのではないでしょうか。

同校の校門指導は開校以来行なわれていましたが、必ずしも教員全員が一致した足並みで行なわれ続けてきたわけではありませんでした。門扉を閉めるタイミングや、どの生徒を遅刻と判定するかについては、担当する教員によってかなり差があったようです。また門扉を閉める時間には遅刻しそうな生徒が校門に殺到するため、ゆっくり閉めていると生徒たちに押し戻される場面もあったようです。

このような状態に対して、H教諭は、あくまでも「厳しい生徒指導ができる教師」としてのアイデンティティを貫くために、生徒指導部長に「門扉を閉めるタイミングはチャイムの鳴り始め」ということを確認し、門扉の閉め方も「ゆっくりと引っ張って閉める」のではなく、「後ろから強く押して閉める」方法をとっていました。そして事件当日の午前8時30分、H教諭は、秒数まできっちりと合わせた腕時計とチャイムの音に合わせて重さ230kgの門扉を思い切り押したのでした。

事件後、懲戒免職処分だけでなく、刑事責任を問われて有罪判決を受けたH教諭ですが、自分は「学校の生徒指導として行なわれていた校門指導を決められたとおりにやった」のであって、「職務を忠実に遂行しようとしただけだ」との主張を裁判でも、またその後出版された彼の著作でも繰り返し弁明しています。

校門指導という生徒指導を、一人の教師が“忠実に”遂行したことによって、一人の女子生徒の尊い命が奪われたのでした。校内暴力後の管理主義体制下の生徒指導は、それによって教師が生徒の命を奪うほどのブラックなものになっていったのでした。

●生徒指導で追い詰められ自殺―指導死

「指導死」とは、学校において教師の生徒指導により肉体的、精神的に追い詰められた児童生徒が自殺してしまうことを指す言葉で、＜「指導死」親の会＞共同代表の大貫隆志氏による造語です。

2012年12月の大阪市立桜宮高校でのバスケットボール部顧問の教師による体罰と、それによる生徒の自殺によって、教師の生徒指導をきっかけとした子どもの自殺の問題がクローズアップされ、「指導死」という言葉が広く使われるようになりました。

この言葉を考えた大貫氏も2000年に、中学2年生だった次男（当時13歳）を「指導死」で亡くしています。次男は校内でお菓子を食べていたとして教諭から長時間にわたって生徒指導を受け、その翌日に指導を苦にしたと受け取れる遺書を残して自宅マンションから飛び降り自殺したのでした。

その後、同じように生徒指導による自殺によって我が子を亡くした親たちがつながりあう中で「指導死」という言葉が使われるようになり、＜生徒指導による自殺「指導死」を考える会＞としての集会やシンポジウムを開催したり、文科省へ申し入れたりしました。メディアもこの問題を大きく取り上げるようになり、「考える会」は＜「指導死」親の会＞として地道に活動に取り組んでいます。

生徒指導をきっかけとした子どもの自殺、「指導死」について、＜「指導死」親の会＞はウエブサイトで以下のように定義しています。

（1）不適切な言動や暴力等を用いた「指導」を、教員から受けたり見聞きすることによって、児童生徒が精神的に追い詰められ死に至ること。

（2）妥当性、教育的配慮を欠く中で、教員から独断的、場当たり的な制裁が加えられ、結果として児童生徒が死に至ること。

（3）長時間の身体の拘束や、反省や謝罪、妥当性を欠いたペナルティー等が強要され、その精神的苦痛により児童生徒が死に至ること。

（4）「暴行罪」や「傷害罪」、児童虐待防止法での「虐待」に相当する教員の行為により、児童生徒が死に至ること。

（「指導死」でいう「指導」は学校における教員による説諭、叱責、懲戒はもちろん、言動すべてを含むものです）。

●「指導死」を引き起こす教師の指導とは

学校においては、児童生徒に対して様々な生徒指導が行われていますが、それらがそのまま「指導死」に結びつくことはほとんどありません。では、どのような生徒指導が「指導死」を引き起こす可能性があるのでしょうか。大貫氏が実際の「指導死」の事案から以下のような生徒指導の例を挙げています。

---

①長時間の「身体的拘束」
②複数の教員で取り囲む「集団圧迫」
③心理的外傷を負わせる「暴言」や「恫喝」
④えん罪型の「決めつけ」
⑤反省や謝罪、密告などの「強要」
⑥連帯責任を負わせる「いやがらせ」
⑦本来の目的から外れた「過去の蒸し返し」
⑧不釣合いに思い「見せしめ的罰則」
⑨子どもを一人にする「安全配慮義務違反」
⑩ 教育的配慮に欠けた「拒絶的対応」

基本的にこのような生徒指導が教師によって行なわれるのは、児童生徒がなんらかの問題行動や非行を行なった（もしくは教師がそう思った）時だといえます。従って、このような生徒指導は、むしろ生徒の非違行為に対する懲戒として行われていると考えられます。

学校における懲戒は、児童生徒になんらかの非違行為があった時に、校長及び教員が行うことができる制裁のことです（学校教育法第11条）。体罰はこの懲戒の中に含まれると思われますが、それは同11条でもはっきりと禁じられています。高校における停学・退学は、法的処分としての懲戒として学校長のみが行使できますが、それ以外の懲戒（注意・叱責・命令など）は事実行為としての懲戒として教員も行使することができるとされています。

大貫氏が上げている「指導死」を引き起こす可能性がある10項目の指導は、いずれも児童生徒の非違行為（もしくはそれと思われる行為）に対しての、教師による事実行為としての懲戒の延長上に発生しているものだと思われます。

●児童生徒を死に至らしめるブラック生徒指導

第3章でも書きましたが、教師が行っている生徒指導の多くは事実行為としての懲戒として行われているものです。にもかかわらず、ほとんどの教師は、そのような事実行為としての懲戒を自覚することなく、ただの生徒指導もしくは教育的な指導だと思って行っているのです。

懲戒は、たとえ教育的な懲戒であっても、制裁という性格上、一定の権利制限・停止を強いるものです。したがって懲戒権の行使にあたっては手続きの公正性が求められ、適性手続きの原則が保障されていなければなりません。

学校長が行なう法的処分としての懲戒の場合は、その処分決定には職員会議での審議・合議が前提となるので、適性手続きの原則はある程度保障されますが、教師が個人的に行なうことができるとされる事実行為としての懲戒については、それを行使している教師が懲戒とは自覚しておらず（指導だと思っている）、その懲戒の内容・程度についても教師の恣意的な判断によって行われているのです。

つまり事実行為としての懲戒（生徒指導）は、どこまでが指導でどこからが懲戒なのかが不明確なグレーゾーンなのです。グレーゾーンであるがゆえに、指導としての教育的な原則も、懲戒としての適性手続きの原則も働かない、きわめてブラックな懲戒（生徒指導）が行われる可能性があるのです。

「指導死」は、事実行為としての懲戒というグレーゾーンにおいて、原理・原則なき指導（懲戒）というブラックな生徒指導によって引き起こされているのです。ある意味で体罰は、この事実行為としての懲戒というグレーゾーンの中で、児童生徒に対して「身体に対する侵害」と「肉体的な苦痛」

を加えるものだと言えるでしょう。

大阪府立桜宮高校の体罰自殺事件のように体罰が原因となって生徒が自殺に追い込まれた「指導死」もありますが、「指導死」の80%以上は体罰などの有形力の行使を伴わないケースなのです。それは、体罰と同様、あるいはそれ以上に児童生徒に「精神的な苦痛を与える」生徒指導が行なわれ、それによって自殺に追い込まれたと言えるのではないでしょうか。「指導死」の事例を見ていくと、教師による指導という名の叱責・暴言などのオンパレードです。教師自身は、適切で必要な教育的な指導であると認識していたとしても、そして体罰をふるわなかったとしても、その指導を受けている児童生徒にとっては精神的に大きな苦痛を感じて自殺にまで追い詰められてしまう可能性があるのです。

なぜ教師の生徒指導が児童生徒を死に至るまで肉体的・精神的に追い詰めてしまうのでしょうか。それは、教師が生徒指導という名の下に、児童生徒に対して「教育的な原則がない指導」と「適性手続きの原則がない懲戒」を加えてしまうからではないでしょうか。それは児童生徒に対する、ただの支配・暴力にすぎません。

児童生徒の命が失われるのは最大の人権侵害です。もし教師の生徒指導によって児童生徒の命が失われてしまうならば、それはもはや指導でも教育でもありません。教育でも指導でもなくなった生徒指導のことを「ブラック生徒指導」と言うのです。

第 11 章

ゼロトレランス

─究極のブラック生徒指導

● 1980年型管理主義的指導がもたらしたもの

1980年代の校内暴力以後に広がった学校秩序維持型の管理主義的な生徒指導によって、校内暴力は次第に沈静化していきました。しかし、このような校則による厳しい取締りや体罰の横行などに批判や疑問が投げかけられる中、1985年に岐阜県で相次いだ体罰死事件（岐陽高校事件、中津川商業高校事件）によって大きな社会問題となっていきました。人権団体や市民団体が子どもへの人権侵害であると告発しただけでなく、日本弁護士連合会も同年に「学校生活と子どもの人権に関する宣言」を決議、さらに1987年には「子どもの権利マニュアル—子どもの人権救済の手引」を発刊しました。

1988年3月には静岡県内の中学校が校則違反をした生徒の写真を卒業アルバムから削除したことが報道され、再び大きな社会問題となりました。そうしたことから文部省初等中等局長は同年4月の都道府県教育委員会中等教育担当課長会議のあいさつで、「校則には絶対守るべきもの、努力目標というべきもの、児童生徒の自主性に任せていいものがミックスされているのではないか」と述べて、校則の内容、運用のあり方について見直しを求めました。

1980年代のはじめ頃には、頻発する校内暴力に対して、「教員一体となって・早期発見早期対応して・毅然とした態度」によって生徒指導すべきだとしていた文部省でしたが、この「校則見直し発言」は生徒指導についての大きな方針転換を示したものと捉えられ、学校現場では戸惑いが広がったと言われています。さらに、兵庫県立神戸高塚高校での校門圧死事件が起きた1990年には、文部省は全国の学校を対象に「校則見直し状況等の調査」を実施しています。

1980年代の管理主義的な生徒指導の広がりと徹底によって校内暴力は沈静化し、学校の中から「つっぱりたち」の姿が徐々に見えなくなり、全体的に生徒たちはおとなしくなっていきました。日常的に校門指導や玄関指導、集会指導などで教師たちから監視・点検・管理されていく中で、学校の空気は重たく息苦しいものになっていきました。不気味に静かになった学校の中は、まるで枯葉剤が撒かれた後の死の森のようでした。

そんな中で新たな教育問題として浮上してきたのが子どもたちの「いじめ・不登校・心の病」でした。これらの問題は、すでに1970年代ごろから学校の中で発生・深刻化していたのですが、非行問題や校内暴力といった目立った教育問題の陰に隠れて、あまり注目されていませんでした。1980年代半ばくらいから校内暴力が沈静化していく中で、代わってこれらの問題が社会問題化していきました。

子どもたちの「いじめ・不登校・心の病」は、それまでの非行問題や校内暴力というような外側に表面化していくものではなく、むしろ子どもたちの集団の中に内部化していき、心の問題として病理化していくものでした。この頃、学校現場の教師たちからは、「子どもたちはおとなしくなったけど、なにを考えているのか見えなくなってきた」という声がよく聞かれました。

こうした中、学校における生徒指導において「教育相談」や「カウンセリング」を重視するように文部省側からも強調されていきました。教師を対象としたカウンセリング講習会が開かれたり、「カウンセリング・マインド」というような和製英語が学校の中で使われました。また、1995年には「スクールカウンセラー制度」が日本の学校に導入されました。

このような学校における生徒指導の「教育相談」や「カウンセリング」への傾斜が進むことによって、管理主義的な生徒指導よりも、非指示的な生徒指導、生徒との信頼関係の構築を重視する生徒指導への流れが強まったのでした。

●毅然とした指導への「逆コース」

ところが、1990年代後半から2000年代にかけて、生徒指導の流れが再び大きく変わっていきました。

1997年に中学生による神戸連続児童殺傷事件、1998年には栃木県・黒磯北中学校で女性教師が生徒に刺殺されるというショッキングな事件が相次ぎ、「14歳問題」とか「少年事件の凶悪化」として報道されました。そうした流れを受けて2000年に少年法が改正され、中学生世代に対する厳罰化の傾向が示され、刑事処分可能年齢が16歳以上から14歳以上に引き下げられました。

さらに、2004年には長崎県佐世保市で小6女子児童による同級生殺害事件が起きました。こうした凶悪な少年犯罪の連続と、それに対する厳罰化の流れの中で生徒指導のあり方についても、それまでの教育相談・カウンセリング的な生徒との信頼関係構築を重視する生徒指導から、規範意識に基づいた厳しい生徒指導へと方向転換されていったのでした。

そのような動きは、2006年に当時の第一次安倍政権下で設置された「教育再生会議」の審議において、問題を起こす子どもに対して「懲戒基準の明確化」「毅然たる対応」が必要という論議（2006年11月・いじめ緊急提言）や「毅然たる指導のための法令・通知の見直し」（2007年1月・第一次報告）の提起から強まったと思われます。

このような動きとともに、2006年6月に文科省は「児童生徒の規範意識の醸成に向けた生徒指導について」、2007年2月5日には「問題行動を起こす児童生徒に対する指導について」を全国の各都道府県教育委員会に通知。文科省が主導して、学校の秩序を維持するために規範意識を根付かせる「毅然とした指導」を生徒指導において強めていく方向性が示されました。

「毅然とした指導」の一環としての事実上の体罰に相当する「有形力の行使」が容認され、「特に校内での傷害事件をはじめ、犯罪行為の可能性がある場合には、学校だけで抱え込むことなく、直ちに警察に通報し、その協力を得て対応する」「問題行動を繰り返す児童生徒に対し、正常な教育環境を回復するために必要と認められる場合には、市町村教育委員会は、出席停止制度の措置を採ることをためらわずに検討する」としました。

このような、秩序規範を守らず問題行動を起こす児童生徒は「毅然とした指導」の対象とされ、教師による権力的な指導が当然とされるような生徒指導の方法は「ゼロトレランス」と呼ばれているものです。

●「日本でもゼロトレランスを」

ゼロトレランスとは、1990年代にアメリカで始まった治安政策の考え方の一つと言われています。

「トレランス（Tolerance）」は「寛容」という意味ですが、それが「ゼロ」という厳罰・規律主義で、たとえ軽微なものであっても違法行為を犯したものには不寛容に取締るという考え方です。

もともとは銃犯罪や麻薬の横行などに悩むアメリカで採用された政策ですが、この考え方を1970年代から教師への反抗・暴力、校内への銃や薬物の持ち込みなどで学校規律が混乱していたアメリカの学校を建て直すための方策として取り入れられました。

アメリカの学校におけるゼロトレランスとは、銃や薬物の学校への持ち込みや暴力だけでなく、いかに小さな違反であろうとも見逃さずに厳しく罰するという方針のもと、非違行為とそれを犯した場合に加えられるべき処罰を事前にルール化し、そのルールを例外なく、ためらわずに適用するものです。これによってアメリカの学校内の問題行動が激減し、児童生徒の規律が向上したと言われています。

これを日本の教育界に紹介して積極的に導入を働きかけたのが加藤十八氏（中京女子大名誉教授）です。彼の著作『ゼロトレランス－規範意識をどう育てるか』（学事出版、2006年）では、なぜアメリカでゼロトレランスが導入されたのかについて、戦後のアメリカ教育の失敗と立て直しの経緯をもとに解説しています。

それによると、第二次世界大戦前後のアメリカ教育界ではジョン・デューイらの進歩主義教育論が主流で、日本の戦後教育も大きな影響を受けましたが、その後も1960年代のリベラルな社会潮流や“教育の人間化論”などの影響を受けた非管理教育体制の流れがあり、これらは生徒の学力低下を招いただけでなく、学校規律を混乱させ、学校崩壊の様相を示すまでにいたったと批判しています。

このようなアメリカ教育の危機に際して、1980年代のレーガン政権、1990年代のブッシュ（父）政権は学力向上を掲げて教育改革に取り組み、伝統的教育への回帰路線を明確にしました。続くクリントン政権において「ゼロトレランス政策」が確立され、ブッシュ（息子）政権（2001～2009年）は連邦政府主導で学力格差是正を目指す「落ちこぼれ防止法」を制定しました。こうした動きによってアメリカの学校規律は建て直されていった、と加藤氏は主張しています。

加藤氏はその著作で、アメリカの学校教育を劇的に立て直したとするゼロトレランスを、日本の学校教育にも積極的に取り入れるべきだと提言したのです。

日本の学校もまた1980年前後の校内暴力によって学校規律が乱れましたが、厳しい生徒指導と警察権力の導入によって学校秩序の回復維持が図られました。しかしその後、校則による取り締まりや体罰の横行への批判が高まり、文部省も校則見直しを通知するなど非管理方式への生徒指導方針の転換を図りました。

この方針は厳しい管理や規則を排除し、生徒の自主性・主体性を育てていくというものでした。また文部省は生徒指導の問題が起きるのは学校の対応のまずさや教師の指導力不足が原因であるとして、1997年以降は莫大な予算を使って教育相談・カウンセリング的な生徒指導を推進していきました。

加藤氏によれば、こうした指導方針の転換によって現場の教師たちがそれまで培ってきた実効的な生徒指導法は「管理的指導」と決めつけられ、それによって現場の教師たちの士気が萎え、学校規律の低下につながった、としています。

さらに、1994年には子どもの権利条約を日本が批准しただけでなく、リベラルな人間性重視の潮流のもとに管理や規則重視の生徒指導が批判され、アメリカで台頭した“教育の人間化論”の影響を受けた非管理的教育論の導入やゆとり教育の推進によって学校規律が乱れ、非行やいじめの増加、学力の低下などが深刻な問題となってきている。これに対して、規範意識の醸成と毅然たる態度での指導による“教育再生”を求める声が大きくなってきており、アメリカで成功したゼロトレランスを導入して日本の学校教育を建て直すべきだ、というのが加藤氏の主張でした。

●文科省が主導したゼロトレランス推進

1990年代には非管理主義的な生徒指導方針をとっていた文科省（当時は文部省）は2000年代に入ると、その方向を大きく転換していきました。それが明確に示されたのが、2006年5月に国立教育政策研究所生徒指導研究センターと文科省が共同研究の結果を発表した「生徒指導の在り方についての調査研究報告書―規範意識の醸成を目指して」でした。

この報告書では「アメリカで広く実践されているゼロトレランスが、これからの生徒指導にあたって参照されるべきもの」として、文科省関連文書では初めて紹介されました。

報告書では、ゼロトレランスは「『安全で規律ある学習環境』を構築するという明確な目的のもとで、小さな問題行動に対して学校が指導基準にしたがって毅然とした態度で対応するという理念」と定義されています。

このゼロトレランスの考え方によって生徒指導の基準を明確化し、外部への周知徹底を図り、あらかじめ定められている規則や罰則に基づき、「してはいけない事はしてはいけない」と「毅然とした粘り強い指導を行うべきだ」としています。

ゼロトレランスに含まれる「段階的指導（プログレッシブ・ディシプリン）」を特に参照すべきとし、「注意、叱責、居残り、起立、宿題、清掃、文書指導、別室指導、訓告」から、停学・退学処分にいたるまでの懲戒的措置を段階的に適用すべきとしています。

ゼロトレランスの重要なポイントである個別事情を考慮しない例外なき処罰の適用を「毅然とした態度で対応する」と表現し、これを「小さな問題行動に対して」も徹底すべき、としています。

また、軽微な非違行為にも「宿題」「文書指導」のほか「別室指導」などの定型化された重い罰で臨むべきである、としています。

さらに、すべての教職員の役割は、校則の順守、あいさつ、服装、時間の厳守、規律ある集団活動、または授業中の私語の禁止などの「してはいけない事はしてはならない」という「当たり前のことを当たり前に実施」し、指導の「ぶれ」を生じさせないようにすることだ、としています。

この報告書の特徴的なキーワードとしては、「規範意識の醸成」、「懲戒処分の効果的運用」、「毅然とした粘り強い指導」ということになるかと思われますが、これは加藤氏に言わせると、現場の教師たちにとっては「至極当たり前の指導法」であり「現場の教師が普通に考えている通りの指導観」であるということになります。ある意味で、アメリカ製でもなんでもなく、1970年代から80年代にかけて日本の学校で行なわれてきた管理主義的な生徒指導そのものの再来と言ってもいいでしょう。

加藤氏は前述の著書で、1990年代では文部省は「非管理主義的」な生徒指導の方針をとることで「優秀な教師たちの手足を縛って」きたが、この報告書では、「従来の観念的な非管理的生徒指導論を排して、伝統的な“当たり前”の指導論、実践的指導論を重視し」たことで、「ようやく文科省行政の指導観が（真摯に生徒指導に取り組んできた現場の教師に）追いついてきた」と主張しています。さらに、これによって現場の教師たちは「識者たちの観念的なコムヅカシイ指導論に縛られることなく」「水を得た魚のように」一生懸命生徒指導に邁進することになる、と強調しています。

●「出席停止をためらわず」― 問題生徒の排除へ

この報告書が発表された翌月（2006年6月）、文科省初等中等教育局児童生徒課長の名で「児童生徒の規範意識の醸成に向けた生徒指導について」という通知が都道府県教育委員会に出され、そこでは「報告書の成果を生かしつつ、生徒指導上の取り組みの一層の充実を図るよう努めること」が要請されました。

さらに、2007年2月には文科省初等中等局長の名で「問題行動を起こす児童生徒に対する指導について」という通知が出され、その前書きで、「問題行動を起こす児童生徒に対し、毅然とした指導を行う」ことを都道府県教育委員会に「お願い」しています。

本文では、「規範意識の醸成のため、（中略）きまりや対応の基準を明確化」し、「一貫した指導を粘り強く行う」ことによる「生徒指導の充実」をうたい、それにあわせて出席停止を「ためらわずに検討する」ことを求めています。さらには「有形力の行使により行われた懲戒は、その一切が体罰として許されないというものではなく」との見解を明らかにし、これによって毅然たる対応の一環として事実上の体罰に相当する「有形力の行使」を容認するような記述もあります。

また「特に校内での傷害事件をはじめ、犯罪行為の可能性がある場合には（中略）直ちに警察に通報し、その協力を得て対応し、（中略）出席停止制度の措置を採ることをためらわずに検討する」としています。

この通知で注目すべき点の一つは、さきの報告書の「出席停止は、生徒指導上有効な手段の一つである」という記述に基づいて、出席停止の措置をためらわずにとることを勧めていることです。

出席停止は、学校の秩序を維持し、他の児童生徒の教育を受ける権利を保障するために、問題行動を繰り返す児童生徒を教室・学校から「排除」する措置のことですが、「懲戒」とは異なります。

学校教育法第35条には「市町村の教育委員会は性向不良であって他の児童の教育に妨げがあると認める児童があるときは、その保護者に対して、児童の出席停止を命ずることができる」と定められています。

「(出席停止は)懲戒という観点からではなく、学校の秩序を維持し、他の児童生徒の義務教育を受ける権利を保障するという観点から設けられている」(文部省初等中等局長の発言)もので、児童生徒ではなく保護者に対してなされるものであり、適用の主体は学校・校長ではなく、市町村教育委員会とされています。

義務教育ではない高校では「退学・停学」という懲戒処分が、最終的な「伝家の宝刀」として「言うことをきかない生徒」に対する「脅し」として使われてきましたが、義務教育では「退学・停学」という懲戒処分ができないため、「言うことをきかない生徒」に対する「押さえ」が利かないと言われていました。

この報告書で、あえて「出席停止」という秩序措置の適切な運用を強調しているところに、日本型のゼロトレランスの性格と本質が現れていると思います。

加藤氏は、この点についても著書で「1～2人のごく少数の悪徳生徒を、そのまま放置しておけば、その学校規律は乱れてしまう」。だから「それらの問題生徒を直ちに指導し、立ち直らせることが、学校の規律維持のために必須」であり、「このような問題生徒を学校の教師が指導できないときには、学校外の権力によって指導されなければ」ならず、「警察権力の助力を仰ぐことは当然のこと」であるとしています。

つまり、日本型のゼロトレランスでは、大多数の真面目な生徒たちの学習環境維持のためには、一部の問題生徒を切り離して厳しい処分を加えることは当然であり、それでも言うことをきかなければ出席停止・停学・退学などによって教室や学校から隔離・排除したりすべきだし、そのためには警察権力と連携することは当たり前、との考え方が基本となっているのです。

●広島から始まった生徒指導のマニュアル化「生徒指導規定」

2006、07年と相次いで出された文科省からの「ゼロトレランス通知」に全国で最も早く反応したのは広島県でした。2009年10月16日、広島県教育委員会は「生徒指導資料の作成について」と「児童生徒の規範意識を醸成するための生徒指導体制の在り方について」を県内の市町村教育委員会に通知しました。

これは、「社会で許されない行為は、学校においても許されない」との姿勢を示すため「児童生徒の問題行動や非行に対しては、学校ごとの生徒指導の基準となる生徒指導規定等をあらかじめ整備」し、これに触れるとされる行為があった場合は「問題行動の事実を明確に」し「規程」に基づいて「毅然とした対応」の必要を述べて、各市町村教育委員会が主導して学校ごとに「生徒指導規程」を作成することをうながしたものでした。

この「生徒指導規程」とは、学校内外の日常的な行動を条文で言及し、「問題行動や非行」、児童生徒の「然るべき姿」が記載されているものとされ、具体的には以下のような内容であると示されています。

---

①校内生活に関すること（登下校、欠席、遅刻、早退、外出、授業規律、制服…）
②校外での生活に関すること（交通安全、運転免許取得、アルバイト…）
③別な指導に関すること（対象行動、反省指導の形態・方法、反省期間の目安…）

このような内容に各学校が独自に考えた条文を加えて「生徒指導規程」は作成される、としています。

しかし、その作成にあたっては、事前に児童生徒や保護者の意見を聞くことはなく、また各学校の教員間での論議もほとんどなかったようです。

各学校がそれぞれ作成した生徒指導規定が、入学時・新学期に児童・保護者に配布され、それによって児童・保護者も生徒指導規定に合意・納得したものとして正当化されるのです（在学契約？）。

入学後に、この生徒指導規程に違反した場合は、「特別な指導」や「別室指導」が実施されることになります。
「特別な指導」は段階を追って実施すると定められています。
第一段階は、事実確認、本人への説諭、反省文および保護者への連絡です。「服装や頭髪の著しい違反がある生徒は、その場で改善させる」「それが出来なければ教室に入ることは出来ない」「保護者に連絡して改善してから登校させる」というように段階的に指導が厳しくなっていきます。
第二段階は、すぐに保護者に来校してもらい一緒に指導する。状況によっては「保護者による（生徒の）引き取り」「警察への連絡・逮捕」もあるというように、最終的には教室・学校から排除されます。
また、「別室指導」は「自らの行為を振り返り、過ちを認め、同じことを繰り返さないように自戒、反省し、今後の展望や目標を持たせる」というものです。
ここでは「別室指導の詳細とルール」が決められています。それは、①問題行動の事実確認、②生徒指導規程での別室指導の決定、③保護者との面談、④別室指導を通しての経過観察、⑤教室復帰への決定、⑥保護者との面談――とのプロセスを経たうえで段階的な指導が加えられます。
ここでの第一段階は１日の別室指導、第二段階は３日間の別室指導、第三段階はその他の期間となっており、別室指導の期間中は他の児童生徒との接触は禁じられ、振り返りと反省、教師との面談、学習活動（漢字プリントやワークブック）、反省文などが課せられます。
このような生徒指導規程は、基本的には学校ごとに決めることになっているのですが、おそらく教育委員会にはひな型があるのでしょう、県内の学校の生徒指導規程はほとんど同じようなものになっているそうです。
まるで生徒指導のマニュアルのような生徒指導規程によって、各学校において同じような基準と手続きによる生徒指導が「毅然とした態度」によって行なわれ、それによって「規範意識の醸成」が図られるというのが日本型のゼロトレランスなのです。

●「生徒指導規程」の正体－別室指導という名の出席停止

広島県の福山市教育委員会は2009年10月30日に「生徒指導資料の作成について」を市内公立学校長あてに通知しました。これには県教育委員会が同月 16 日に通知した「生徒指導資料の作成について」と「児童生徒の規範意識を醸成するための生徒指導体制の在り方について」が添付されていました。

これによって、福山市内の公立学校では、全国に先駆けて生徒指導規程が作成され、ゼロトレランスに基づいた生徒指導が実施されました。そのことは、2013 年の福山市議会での教育長の答弁でも確認できます。

ここで教育長は生徒指導規程について「生徒指導上の対応に係る学校内の決まり及びこれに対する指導の基準をあらかじめ明確にしておくこと、あらかじめ児童生徒または保護者等に対して明示的に周知徹底すること等に基づき、児童生徒全員が安全な学校生活を送るとともに、児童生徒一人一人の規範意識や自律心を高めるために、各中学校区で基準を揃えながら、各学校が策定しております」と答弁しています。

この福山市での生徒指導規程によるゼロトレランスの生徒指導の実際については小野方資氏（福山市立大准教授）が『ゼロ・トレランスによる生徒指導は教育にどんな影響を及ぼすのか』（『子ども白書 2015』本の泉社、2015 年）で詳しく紹介しています。

それによると、まず生徒指導規程に違反した児童生徒が確認された場合、即処分という手続きがとられます。そこでは、どのような違反行為があったのかという事実確認はされますがその児童生徒の意見や事情が聞かれることほとんどないそうです。結局、生徒指導規程に記載されている違反行為に対応した「特別な指導」が実施されるのです。その程度によっては、事実上の停学や出席停止のような処分（処罰）である「別室指導」が行なわれます。

生徒指導規程の運用について、このような「違反発見・即処分」は指導でしょうか？それとも懲戒でしょうか？指導であるなら、その児童生徒の成長発達を促すものであり、その児童生徒の同意と納得が必要になります。また、懲戒であるなら「適正手続きの原則」を取る必要があります。

生徒指導規程は一見、規程と手続きをあらかじめ児童生徒や保護者に提示することで、処分基準を明確にして公平な処分をしているように見えますが、児童生徒の事情や言い分をしっかり聴取することや、きちんと処分の理由を本人や保護者に説明する点では非常に不十分であると言えます。

結局、生徒指導規程に基づくゼロトレランスの生徒指導というのは、指導でも懲戒でもなく、「出席停止」と同じような秩序維持的な処分だと言えるのではないでしょうか。特に「別室指導」は、違反生徒を一定期間教室から隔離・排除することで事実上の出席停止処置を行なっているのではないでしょうか。

高校の場合だと、「法的処分としての懲戒」である「停学」を、「学校謹慎」という形で校内の別室で指導することは以前から行なわれていましたが、義務教育においては「停学」のような「法的処分としての懲戒」は行えません。

「出席停止」は、本来市町村教育委員会が保護者に対して命ずるものです。しかし、生徒指導規程における「別室指導」では、実際には学校の判断で事実上の「出席停止」と同様の措置が取られて、生徒は教室から排除され、実質的には高校での「学校謹慎」（事実上の停学）と同じような処分がなされているのです。

●画一的な処置で生徒、教師に過重な負担

文科省からの「ゼロトレランス通知」に全国で最も早く反応した広島県では、先陣を切った福山市内の公立学校で相次いで生徒指導規程が作成されただけでなく、その後も同県内のほとんどの公立学校で生徒指導規程が作成されていきました。さらに、現在では全国の都府県市町村の教育委員会で「生徒指導ガイドライン」や「生徒指導マニュアル」などが作成され、それに基づいて各学校でも生徒指導の「規程（ガイドライン・マニュアル）」が作成されてきているようです。

このように上から下に降ろされるような形で、ゼロトレランスに基づいた生徒指導規程による生徒指導のマニュアル化が全国各地で進められているのですが、そのことは学校現場の教員や生徒たちにどのようなことをもたらすのでしょうか。

生徒指導規程の先進地である広島県の教職員組合である全広島教職員組合が2013年12月に発行した「『生徒指導規程』の今から、明日の展望を模索する』という冊子と、その作成に関わった同教組の小林克己氏と北川保行氏の報告から、その実態といくつかの問題的を知ることができます。

一つ目は、生徒指導規程に基づく生徒指導では、問題行動・非違行為を行なった児童生徒が出た場合には、一律に「違反即処分」という手続きがとられていることです。問題行動・非行為の事実確認は行われますが、基本的にはその行為・行動の現象面だけを見て判断し、それに対して規程で決まっている処置（処罰）を適用していく流れになります。そこでは当該の児童生徒の個人的な事情・背景はほとんど聞かれることなく、それによる教師の個人的な教育観・指導観による判断の入る余地もなく、まさにゼロトレランス（不寛容）によって画一的な処置が行われます。

二つ目は、「特別な指導」が児童生徒にも教員にも過重な苦痛と負担をかけることです。問題行動・非違行為を行なった児童生徒については、その程度によって「特別な指導」として、小中学校では「別室指導」、高校では「学校謹慎」がとられますが、物理的に学校内にそうした別室を用意することは容易ではありません。

特に「特別な指導」を受ける児童生徒が一度に何人も出た場合に、いくつもの別室を用意することは現実的に無理があります。また、「別室指導」を受ける生徒は反省文を書かされたり、漢字の書き取りやワークブックをやらされますが、このような課題はややもすると制裁的な性格を帯びて、やらされる児童生徒にとっても、やらせる教師にとっても苦痛であり負担が重いものになりかねません。

三つ目は、「特別な指導」を受けることになった児童生徒の保護者に大きな負担をかけることです。問題行動や非違行為の程度によっては、その児童生徒が家庭に帰されたり、学校に引き取りに来るよう求められます。さらに、「別室指導」になった児童生徒の場合は、保護者に学校までの送迎を義務付けたり、「家庭謹慎」の場合は仕事を休んで生徒を監督するように求められる場合もあります。保護者との連絡・連携は必要ですが、学校から保護者への説明・要請が保護者の責任を問うものになったり、荷重な負担を強いるものになりかねません。

●ゼロトレランスで断ち切られる信頼関係

ゼロトレランスに基づく生徒指導規程による生徒指導の最大の問題点は、学校教育において最も重要な児童生徒と教師、保護者と教師の信頼関係を断ち切ってしまうことではないでしょうか。

各学校で作成された生徒指導規程を見ると、どれも第１条には「めざすべき児童生徒像」として「人格の完成」や「健やかな成長」「自主自律」「豊かな心を持ち、たくましく、生きる力にあふれた生徒」などの立派な言葉が並んでいますが、第２条以下はほとんど「校則」の内容そのものであり、「〜すべし」「〜べからず」という児童生徒が「守るべき決まり体系」となっています。そしてその後ろには、児童生徒が「守るべき決まり」を守らなかった時に、どのような処置をとられるかについて「特別な指導」と「別室指導」「懲戒処分」についての規定が定められています。

この生徒指導規程（「規定」）に欠けているのは、学校においてどのように児童生徒を成長発達させていくのか、そのための教師の指導はどうあるべきかという教育観・指導観です。「規定」にあるのは「決められていることは守らなければならない。それを守らない場合にはそれに相当するペナルティーが科せられる」という懲罰的な観点だけではないでしょうか。

文科省が勧めているゼロトレランス的な生徒指導では、「してはいけないことは、してはいけない」「当たり前にやるべきことを当たり前のこととして指導する」、そのためには「規範意識の醸成」と一貫して「毅然とした粘り強い指導」が必要だとされています。そして、「してはいけないこと」と「処罰」の事前ルール化、およびそのルールの例外なき適用のために作成されたのが「規程」なのです。

このようなゼロトレランスに基づいた「規程」による生徒指導は、本当に生徒指導と呼べるものなのでしょうか。このような生徒指導のもとで指導される児童生徒たちは、学校に通っている間、常に「規程」に決められている「決まり」と、それを守らなければ教師からの「特別な指導」を受けるかもしれないことを意識させられ、それを守らせようとする教師の「監視」の視線を常に意識せざるをえなくなります。

一方の教師たちも、「規程」に決められている「決まり」を児童生徒たちが守っているかどうかを常に意識しながら「監視」の視線を目の前の児童生徒たちに向けていくことになります。そして、もし問題行動や非違行為を見つけたならば、すみやかに・例外なく・「規程」に決められた通りの処置を当該の児童生徒に対して行なうとともに、その保護者に連絡し対応を求めなければならないのです。
これら一連の手続きは、個々の教師にとっては個人的な判断の余地はなく、すべて「規定」に決められた通りに行わなければなりません。つまり、その問題行動や非違行為を行なった児童生徒の現象的な面だけで判断し、その当該児童生徒の事情・背景に対する配慮の余地はなく、画一的・機械的にその処置を決めなければならないのです。
このことは、ある意味で教師にとっては楽なことです。教師が行なうことは児童生徒が決まりを破らないように監視することと、もし守らない児童生徒を発見した場合には、「規程」に決められているとおりの処置をすればよいからです。つまり生徒指導規程というマニュアルに決めてある通りに生徒指導を行なっていればいいのです。
しかし、これは本当に生徒指導と呼べるものなのでしょうか。それは「指導なき生徒指導」すなわちブラックな生徒指導と言えるのではないでしょうか。

●ゼロトレランス型生徒指導の正体

2000年代にはいって全国に広がっているゼロトレランスに基づく「規程」による生徒指導は、アメリカ製の新しい生徒指導の方法を輸入し、紹介したものではありません。
それは、昔から日本の学校の中で行なわれてきた生徒指導の方法であり、特に1970年代以降の管理主義教育そのものなのです。まさに加藤氏の言うとおり、日本の学校の教師にとっては、このような生徒指導の方法は「伝統的な当たり前の指導論、実践的指導論」なのです。
1970年代以降、日本の学校の生徒指導は、頻発する児童生徒たちの非行や問題行動に対応していくという「非行問題対応型生徒指導」がメインとなっていきました。これによって、児童生徒の非違行為に対する懲戒としての生徒指導が強調され、「生徒指導の懲戒化」が進んでいきました。
具体的には非行問題行動を起こしたり言うことをきかない生徒たちに対して、校則による取締り、体罰による押さえつけ、成績・内申書による脅しによって管理・統制を図るものでした。
しかし、このような非行問題行動対応型の管理主義（生徒指導の懲戒化）

は、教師の個人的・恣意的な判断による「ゆきすぎた生徒指導(懲戒)」によって生徒への人権侵害を引き起こしたり、指導観・指導方法の不統一によって生徒からの不満や不信感を招くことによって、教師と生徒との間に対立や緊張感を高め、校内暴力の契機をつくることになりました。

校内暴力の嵐が全国の学校に広がった1980年代以降、日本の学校の生徒指導は、なによりも学校の秩序を維持することを最優先する「秩序維持優先型」がメインとなっていきました。校内暴力という事態を引き起こしてしまった反省から、教師たちは全員一致した指導体制で、小さな違反逸脱でも見逃さずに早期に発見して早期に対応し、毅然とした態度で指導するという、管理の「全体化・日常化・身体化」を進めていきました。

それは、なによりも学校の秩序維持を優先し、なにか問題が起きる前に予防検束的な管理・統制を行うというものであり、学校・教師によって生徒の生活や行動を丸抱えで指導していく生徒指導でした。しかし、画一的な校則による厳しい管理・取締りや体罰による人権侵害が、メディアや市民団体、日弁連などから批判を浴びていくことになりました。

2000年代に入って文科省から提唱されたゼロトレランス型の生徒指導は、まさにこの1970年代型と1980年代型の生徒指導の復活であり、再生であると思います。しかし、単純な再生・復活ではなく、アメリカ製のゼロトレランスという意匠をまとわせながらバージョンアップがはかられているのです。

まず、非行問題を起こした児童生徒に懲戒を科す点は1970年型の生徒指導と同様ですが、非違行為とそれを犯した場合の罰の事前のルール化とそのルールの例外なき適用、個々の児童生徒の非違行為にいたる事情や動機などはほとんど考慮することなく、行為に対して機械的に例外なく罰を適用していくことは、懲戒の適用の時には見られた児童生徒の個別的事情に基づいて判断するという教育的な配慮や判断が、不寛容という原則によって一切排除されおり、懲戒処分よりは「出席停止」という措置に近いものであると思います。

また学校の秩序維持が最優先であるところは1980年代型の生徒指導と同様ですが、当時はまだ生徒の生活行動を学校や教師が抱え込んで指導していくという傾向がありました。それに対して2000年代型の生徒指導の特徴は、むしろ「保護者の引取り」や「別室指導」、場合によっては「警察に引き渡す」というように、大方の真面目な生徒の学習環境の維持のために、「性向不良」と「他の生徒の教育の妨げ」となる児童生徒を強制的に排除する傾向が見られます。

1970年代型・1980年代型の生徒指導には、まだ非行問題行動を起こした児童生徒たちを、なんとか治療・矯正し適応させようという側面がありましたが、2000年代型のゼロトレランス的な生徒指導には学校の秩序を維持するためには厳格な処罰と排除が強調されているように思われます。

しかし、そのような処罰と排除による生徒指導の方法は、アメリカから輸入されたものではなく、以前から日本の学校の中で行ってきた生徒指導の方法です。2000年代型の文科省の生徒指導は、これをゼロトレランスとプログレッシブ・ディシプリンという目新しい意匠を借りて、可視化・厳格化・事務化しただけのものではないでしょうか。

ゼロトレランスというアメリカの指導方法を紹介しながらも、これを日本の「伝統的な“当たり前”の指導論、実践的指導論」であるとした加藤十八氏は、実はあの管理主義教育の“元祖”である愛知県立東郷高校の教頭をつとめたこともあり、〈東郷高校方式〉をさらにバージョンアップして徹底的な管理教育を進めた愛知県立豊明高校の初代校長でした。

加藤氏はゼロトレランスを、アメリカの学校教育を劇的に立て直したとして日本の学校教育にも積極的に取り入れるべきだと提言していますが、一方で1990年代の文部省の「非管理主義的」な生徒指導の方針を批判して、日本の伝統的な当たり前の指導論、実践的指導論を重視し、その復活によって現場の教師たちが「水を得た魚のように一生懸命生徒指導に邁進」するようになることを強調しています。

このことからも、2000年代のゼロトレランスによる生徒指導は、そのオリジン（原型）は純日本製であり、伝統的な日本の管理主義的生徒指導の流れである監視と処罰と排除の生徒指導、とりわけ1980年代の生徒指導である秩序維持優先型の管理主義の再来であるように思われます。

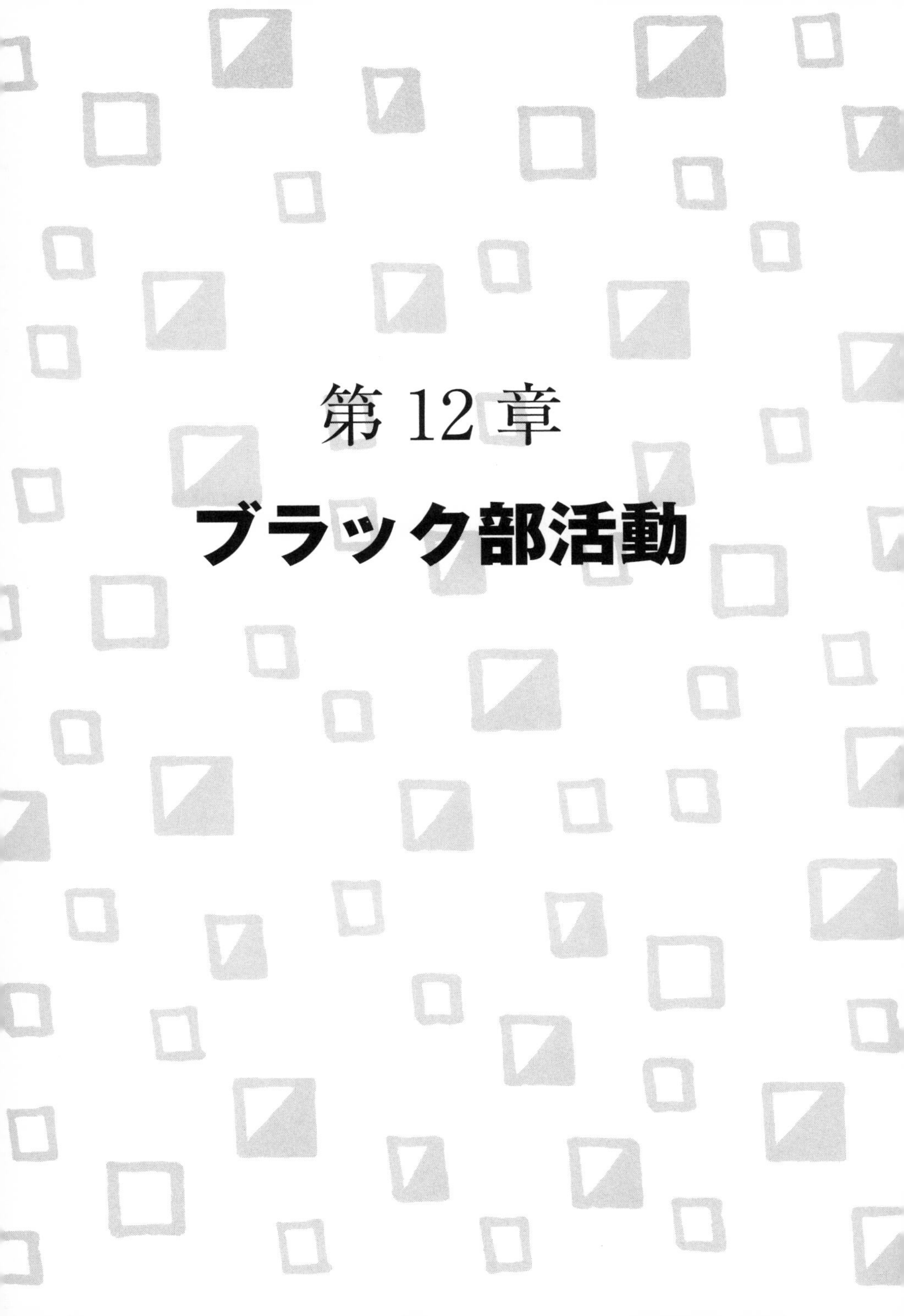

第12章
ブラック部活動

●なぜ部活動はブラックになるのか

学校現場や教師の仕事の“ブラックさ”が社会的に大きな問題となったきっかけは、現場の教師たちがブログやツイッターなどのＳＮＳ上で、部活動における教師の過酷な労働の現状を訴えたことからでした。それに対するＳＮＳ上での反響と共感の輪が広がり、2016年には「部活問題対策プロジェクト」による署名活動が始まり、文科省に署名簿と要望書を提出する動きになっていきました。同年に『季刊教育法』の第189号が「ブラック部活動」というタイトルの特集を組んだことや、翌年には内田良氏（名古屋大准教授）が『ブラック部活動』（東洋館出版社）を出版したことなどからメディアも注目するようになってきました。

これらによって、部活動などによる教員の長時間労働や超過勤務の実態、さらには「教員給与特別措置法」によって公立学校の教師には残業手当や休日勤務手当が支給されないこと、教育課程外の部活動顧問の仕事にほぼ強制的に就かされるなど、教員の過酷な労働実態が明らかになっていきました。このような状況によって、国や文科省も教員の働き方改革に取り組まざるを得なくなっていきました。

部活動についても残業についても、それが理不尽なものであることについては、ずいぶんと以前から学校で問題となっていました。それがなぜ今、ブラックなものとしてクローズアップされたのでしょうか。それは、もはやこれらの問題が、教員の善意と熱意だけでは立ち行かなくなり、教員の健康を破壊して生命を危険にさらすほどブラックなものになってしまっているからだと思われます。いったい、部活動がこれほどまでにブラックになってしまった原因はどこにあるのでしょうか。

部活動がブラックなものになってしまう最大の原因は、それが学校における正規の教育課程に位置付けられた教育活動ではないことです。正規の教育課程とは、学校の時間割や年間計画の中にきちんと位置付けられている教育内容ですが、部活動はこの正規の教育課程としては位置付けられていません。

基本的に学校における部活動は、生徒の「自主的・自発的な参加によって行なわれる」（中学校学習指導要領、第１章総則）ものであり、正規の教育課程の外にある生徒の自主的な活動なのです。

つまり部活動を担当することは教師としての勤務としてではなく、教師個人がボランティアとして担当していることになり、従って正当な賃労働の対象になっていないということです。ですから、平日に勤務時間を終えた後、部活動に何時間従事したとしても時間外勤務手当は一円たりとも支給されることはありません。土日という本来は休みの日に部活動に従事しても休日勤務手当はなくて無給ですが、ただ4時間以上従事した場合には3000円程度の「部活動手当」が支給されるだけでした。2018年にようやく3600円に引き上げられ、2019年からは2時間以上4時間未満でも1800円が支給されることになりましたが、それでも高校生のアルバイトの時給にも満たない額です。

にもかかわらず、ほとんどの教員に対して、正規の教育課程と同様に部活顧問を担当するように求められている実態があります。本来、部活は生徒の自主的な活動である以上、教員もやりたい部活動があれば自主的にその顧問になれば良いだけのはずですが、実際にはほとんど教員が強制的に、やりたいと思わない部活動も含めて顧問を担当させられてしまうのです。

一般的に顧問とは、その組織の運営や意思決定には直接的な権限をもたず、助言・意見を述べる立場を意味します。しかし、部活動の顧問は、その部活動の指導と運営全般を担当することになり、部員の指導や予算の管理、年間の活動内容・練習や試合（大会）計画の策定、対外的な折衝、さらにはその競技・種目に対する技術的な指導やチーム編成など、ありとあらゆる任務をこなさなければなりません。顧問が1人だけの場合には、その部活動の指導者、監督、コーチ、マネジャー、場合によってはカウンセラーの役割まで全てをやらなければならないのです。

学級担任であれば、朝と帰りのショートホームルームと週1時間のロングホームルームに教室に行けばいいのですが、部活動の顧問になると、放課後の活動時間だけでなく、土日や夏休み冬休みのほとんどが練習や試合や大会に出なければならなくなります。これらのほとんどの任務が正規の教育課程に位置付けられていないボランティア活動だとして、正当な賃金が払われる労働としては認められていないのです。

●クラブ活動と部活動の変遷

学校の部活動は、なぜこのようなことになっているのでしょうか。

歴史をたどっていくと、戦後の1947年に設置された「自由研究」という教科の中で、児童生徒が自発的に取り組んだ「クラブ活動」がその起源にあたります。その後、「クラブ活動」は教科から教科外活動への位置付けの変更や、時間数の変更などを経て、1968~1970年の学習指導要領の改訂において児童生徒が週1回の活動を行う全員参加の「必修クラブ」と位置付けられます。そして、中学・高校では、この「必修クラブ」とは別に、教育課程外の時間（放課後・休日）に「課外クラブ（部活動）」が設置されることになり、「必修クラブ」と「課外クラブ（部活動）」の二分化が生じ、その後30年間両者の並存が続きました。

しかし、この並存状態は1989年の中学・高校の学習指導要領の改訂によって、部活動に参加すれば「必修クラブ」の履修に代替できるという部活動代替措置によって転機を迎えます。これによって大部分の生徒が部活動に参加していれば、週の時間割から「クラブ活動」の時間を削除できることになり、多くの学校では生徒を部活動に全員加入させようという流れになっていきました。

そして、1998年の中学校（翌年には高等学校）の学習指導要領の改訂で代替措置が廃止され、中学・高校の時間割から「必修クラブ」の時間が消えていきました。この時に、それまで中学・高校の学習指導要領で「必修クラブ」との関連で言及されていた部活動について記述が消えてしまいましたが、2008年の中学校（翌年には高等学校）の学習指導要領の改訂で、総則の中にその記述が復活しました。そこには、部活動について以下のように記述されています。

「生徒の自主的･自発的な参加により行なわれる部活動については、スポーツや文化及び科学等に親しませ、学習意欲の向上や責任感、連帯感の涵養等に資するものであり、学校教育の一環として、教育課程との関連が図られるよう留意すること」（中学校学習指導要領「総則」、2008年）

部活動についての学習指導要領で記述はこの部分だけで、あとはどこにも部活動についての具体的な教育目標や教育内容、その指導方法などについての記述はありません。部活動はあくまでも「生徒の自主的・自発的な参加」によるものとされていますが、同時に「学校教育の一環として、教育課程との関連が図られるよう留意すること」となっています。しかし、このような文章表現では、部活動が「学校教育の一環である」ということや、「教育課程との関連がある」ことは断言できず、あくまでも「留意すること」だけで良いと読み取れます。

このように、部活動は戦後の日本の学校教育において、学習指導要領における位置付けが二転三転しながら、きわめて曖昧な位置付けしかなされてこなかったのです。そのことが、現在の学校における部活動のブラックな状況を生んだことは間違いありません。

●本来は自由な意思で、実態は生徒全員参加・教師全員顧問

部活動は、「自由研究」というその成り立ちから言っても、「必修クラブ」との並存状態という経過から言っても、あくまでも生徒たちが「集まってやりたいことをやる」という自主的な活動です。そして、生徒たちに好きなことをやらせたいと思い、その活動の顧問をやりたいと思う教員が自主的にやるのが本来のあり方のはずです。

しかしながら、現状の学校における部活動は、そのような「好きなことをやりたい生徒と、それをやらせたい教員による自主的な活動」とはなっていないように思います。

1955年の部活参加率調査では、中学生では46.0%、高校生では33.8%でした。これが、2014年の国立青少年教育振興機構の「青少年の体育活動等に関する実態調査」によると、中学校では運動系部活動に参加している生徒が68.6%、文化系部活動への参加が20.2%で、合計で88.8%となっています。高校では、運動系部活動が50.6%、文化系部活動が27.3%で、合計が77.9%です。このように、現在では、中高生のほぼ8割から9割が部活動に参加しているのです。

本来、正規の教育課程に位置づけられず、必修でもない部活動への参加は自主的なものであるはずですが、多くの学校では生徒に対して「できるだけ部活動に参加するように」と指導しているのではないでしょうか。学校によっては、部活動への加入を生徒に義務付けているところもあります。

図１　中学校の部活動顧問と教員
（2016 年度、スポーツ庁調査）

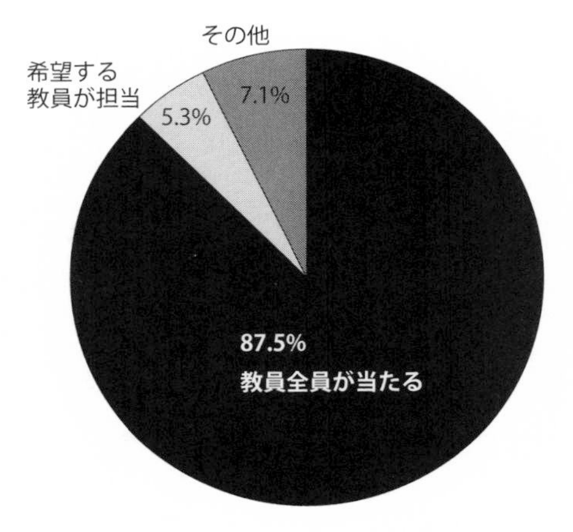

図２　中学校教員の部活動・クラブ活動の時間
（1 日当たり、文科省調査）

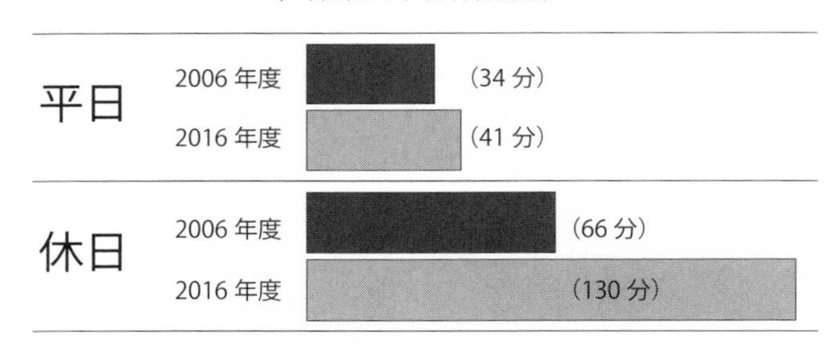

2008 年の調査では、岩手県の中学校の 99.1%、静岡県では 54.1%、香川県では 50.0% の中学校が生徒の部活動への加入を義務付けているというデータがあります。

一方、教員にとっても部活動の顧問を担当することは正規の教育課程には位置付けられていないのですが、実態としてはほとんど全ての教員がなんらかの形でなにかの部活動の顧問を担当させられています。2016 年度のスポーツ庁による全国調査では、87.5% の中学校で教員全員による部活動顧問制がとられていました。

教員全員が、なんらかの部活動の顧問になる時に問題になるのが、「自分のやりたい部活動の顧問になれるのか」ということです。自身が学生時代に部活動で野球をやってきて、教員となってまた部活動で野球部の顧問になるというのであれば、本来の「好きなことをやりたい生徒とやらせたい教員の自主的な部活動」になりますが、必ずしもそうなっていないことの方が多いのではないでしょうか。

学校の様々な事情によって、本当は野球部の顧問になりたいのだけども、すでにベテランの顧問がいるのでバスケット部の顧問を頼まれてしまうとか、全くスポーツの経験もなく、ましては指導したこともないのに運動系部活動の顧問を頼まれてしまうようなことが、しばしば起きてしまいます。

これが正規の教育課程に位置付けられた教科の指導ならば、国語科の教員免許を取得して国語科教員として採用された教師が、どんな学校事情があったとしても、教員免許を持っていない社会科の授業を担当するように頼まれることは絶対にありえないことです。

正規の教育課程に位置付けられていない部活動という非常に曖昧なものであるがゆえに、教員にとっては全くの専門外の部活動を顧問として担当し、生徒たちを指導しなければならなくなるという、非常に理不尽な仕事が部活動の顧問なのです。

本来であれば、「好きなことをやりたい生徒と、やらせたい教師による自主的なもの」である部活動は、いつのまにか生徒の全員参加化と教員の全員顧問化によって「やらなければならないもの」になってしまいました。そして、そのことが、現在の部活動のブラック化を招いているのです。

いったい、いつからこのようなことになったのでしょうか。

戦後まもなくの部活動は、生徒の自主・自治を大事にして「生徒に好きなことをやらせる」ものでしたが、1964年の東京オリンピック以後、学校の部活動（特に運動部）に競技力の向上を求める動きが強くなり、各種大会での優勝を目指す勝利至上主義と、勝つために鍛える鍛錬主義が強くなっていきました。

さらに1970年代の半ばくらいから、全国で中学生・高校生たちの非行・問題行動や校内暴力が頻発するようになって、学校における部活動は、その性格や目的を大きく変えていったのでした。

それは、生徒たちにできるだけ部活動をやらせて、放課後や休日も学校や教師の管理下において指導し、非行・問題行動に走らせないようにするというように、部活動によって生徒を管理して、非行を防止する手段として利用するものでした。

その結果、部活動は生徒全員が加入するべきもの、教師もすべてが顧問として従事すべきものとなり、部活動（特に運動部）はしだいに大きな規模になっていきました。しかし、そのあり方は、生徒の自主性を生かすものではなく、生徒を管理し、学校に縛り付けておくものになっていったのでした。

中澤篤史氏（早稲田大学准教授）がまとめたところでは、運動部への生徒の参加率は、東京オリンピック開催の1964年は中学が45%、高校が31%だったのが、1977年には中学で61%、高校で39%と上昇し、さらに1996年には中学で74%、高校でも49%にアップしています。まさに、1970年代半ば以降から、部活動による中学生・高校生たちの囲い込み、すなわち部活動の生徒指導化が進んでいったのでした。

●部活動はブラックな指導の温床

部活動をめぐる問題の一つに、部活動がブラックな指導の温床になっていることがあります。なによりも一番大きな問題は部活動（特に体育系）における体罰です。中学校・高校において発生する体罰は、かなりの割合で部活動の場面で起きています。

体罰は「身体に対する侵害･肉体的苦痛を与える行為」とされていますが、そのような直接的暴力に至らなくとも、部活動の指導場面における暴言による脅し・侮辱によって精神的な苦痛を与えるパワハラ的な行為は、かなり多く起きているのではないでしょうか。

2013年に文科省が出した「運動部活動での指導のガイドライン」では、「学校教育法第11条が禁じている体罰を行なわないことはもちろん、生徒の人間性や人格の尊厳を損ねたり否定する発言や行為、言葉や態度による脅し、威圧的な発言や行為、身体や容姿に関わる発言を絶対に行なわないこと」とされています。このような記述があること自体、そうした行為が部活動において日常的にまん延していることを示しているのではないでしょうか。

このような体罰やパワハラ的行為だけでなく、セクハラやいじめなど、学校における部活動は様々なブラック指導が横行する温床となっているように思います。

この文科省の「ガイドライン」が出されたきっかけになったのは、2012年に起きた「大阪市立桜宮高校体罰死事件」でした。第4章で詳述しましたが、この事件は、バスケットボール部のキャプテンの男子生徒が、部の顧問から体罰だけでなく、暴言による脅しや侮辱を加えられ続け、顧問から「キャプテンを辞めるならレギュラーからも降ろす。キャプテンを続けるなら今まで通り殴られ続けろ」と迫られた翌日、自殺したものでした。この事件は、体罰死というよりは、部活動の顧問による指導死であると言えるでしょう。

このような部活動の顧問による体罰と指導による生徒の自殺としては、1985年に岐阜県立中津商業高校2年の女子生徒が、所属していた陸上部顧問からの執拗な暴力や罵倒を苦に自殺した事件もあります。

やり投げの選手だった女子生徒は、顧問教諭から「競技成績が悪い」などと日常的に素手や竹刀で殴ったり、罵倒するなどの暴力行為を繰り返し受けていました。女子生徒が死を選ぶ前日、追試験の成績が良くなかったことを理由に、体育教官室において顧問教諭から4時間以上にわたって執拗な暴行や罵倒を受け、翌日彼女は「たたかれるのも　もうイヤ　泣くのも　もうイヤ　もうこれ以上逃げ道はありません」との遺書を残して自殺しました。

この「体罰・指導死事件」は、その数カ月後に同じ岐阜県で起きた岐陽高校体罰死事件とともにメディアにも大きく取り上げられ、校内暴力後に広がった管理主義と体罰の横行に対する社会的な批判が高まりました。しかし、学校における管理主義も、部活動における体罰も、なんら根本的に変わることなく、その27年後に大阪市立桜宮高校での体罰・指導死事件が起きてしまったのでした。

●部活動で横行する教師の暴力・暴言

学校教育法第11条よって、校長及び教員は「児童生徒に懲戒を加えることができる。ただし、体罰は加えることはできない」と定められています。このことから、体罰は懲戒のカテゴリーに入る行為であると考えられますが、法律的には「やってはいけない懲戒」です。

部活動（特に体育系）において、以下のような理由で教師が体罰を行うことがあります。

①危険なプレーをした、②ルール違反のプレーをした、③プレーでミスをした、④真剣にプレーをしなかった、⑤下手なプレーをした、⑥指示どおりのプレーをしなかった、⑦練習をサボった、⑧練習をしっかりやらなかった、⑨試合に負けた

さて、以上のような行為は、はたして懲戒の対象となる非違行為なのでしょうか？

生徒指導の懲戒は、多くの場合、生徒が規律（校則）違反や問題行動などの「いけないこと・許されないことをした」、もしくは教師の注意や命令に対して「言うことをきかなかった」時に行われます。そして、教師が懲戒の延長として体罰を行ってしまうことが後を絶たないのも現実です。

しかし、部活動（特に体育系）における体罰は、必ずしも生徒の非違行為に対する懲戒としてだけでなく、顧問教師の指示や指導に従わせるためや、その部員の技術力を高めたり、練習や試合に対する気持ちの集中を高めるための指導の方法として用いられている一面もあるのではないでしょうか。

それは、体罰というより、顧問教師の暴力・暴言による指導というべきものかもしれません。しかし暴力・暴言として行なわれる以上、それは決して許されるものでないことは言うまでもありません。

なぜ部活動は、体罰（という名の教師の暴力）をはじめとしたブラックな指導の温床となってしまうのでしょうか？

その理由の一つは、部活動が学校における正規の教育課程としてきちんと位置づけられていないことにあります。学校の教育課程の元になる学習指導要領にも、部活動については、教育課程の関連を「留意すること」とあるだけで、その教育目標・内容、そして具体的な指導方法については一切記述がありません。

従って部活動については、その学校で実施しようがしまいが、どんな部活動を行うか、そしてその部活動をどのように指導するか、についての規

定は全くないのです。

教育課程の編成の基準となる学習指導要領において、教科については、どんな教科・科目を設置するのか、どんな内容を教えるのか、何単位何時間教えるのか、どんな指導方法で教えるのか、について事細かに規定されており、なおかつ法的拘束力まであるとされていることに比べると、部活動については驚くほどなにも決められていないのです。

このようなことから、学校における部活動は、それぞれの学校と教師が、基本的には自由に好きなように指導して良いことになってしまうのです。

これは、部活動の起源であるクラブ活動が、生徒たちの自主的な活動として好きなことをやらせる活動としてスタートしたことから、文科省や学校・教師が、できるだけ活動内容に介入しないようにとの精神からきたものだと思われます。だからこそ、その部活動を担当する教師の立場も指導者・監督者ではなく、顧問という立場で助言や補助することになったのだと思います。

しかし、その後のクラブ活動から部活動への変遷のなかで、生徒たちの自主的活動という精神はどこかに行ってしまい、競技力の向上を求めたり、各種大会での勝利をめざすものに変質していきました。そうした流れの中で、顧問という立場も、助言する立場から指導者・監督者へと変わったのではないでしょうか。

●部活動顧問の独裁化という落とし穴

教師は、自分がどの部活動の顧問になるのかを自分だけで決めることはできませんが、いったんその部活動の顧問になれば、あとはその部活動についてのほとんど全てを自分一人で決めることが可能になるのです。

複数顧問制であれば、何人かで役割・任務を分担しますが、一人顧問になった場合には、その部活動の指導と運営全般を担当することになり、指導者兼監督兼コーチ兼マネジャーとして、ありとあらゆる任務を一人でこなさなければなりません。

これが、やりたくない部活動の顧問となったなら大変苦痛になりますが、逆にやりたい部活動の顧問になった場合には、非常にやりやすくなります。なぜなら、自分が担当した部活動の指導を自分の好きなようにやれるからです。

ここに部活動の顧問というものの大きな“落とし穴”があるように思います。つまり、顧問は、その部活動の指導者･監督者というだけでなく、“独裁者”として好きなように指導できる立場になる可能性があるということなのです。

このことは、部活動における顧問と部員の関係において端的に現れます。

学校における他の教育活動（教育課程内）においては、教師と生徒という関係は、常に教育的な枠組みの中での関係がつくられていきます。例えば授業であれば、授業を行う教師とそれを受ける生徒という関係が、授業という枠組みの中でつくられます。またクラスであれば、担任とそのクラスの生徒という関係が、クラスという枠組みの中でつくられていきます。授業もクラスも、学校の教育課程の中に正規に位置付けられたものですので、その枠組みは学習指導要領おいても、その学校の教育課程おいても、きちんと決められたものがあります。ある意味で、学校の教育活動における教師と生徒の関係は、このような枠組みの中でつくられていると言ってよいでしょう。

ところが、部活動における顧問と部員の関係については、なんの規定も枠組みもありません。顧問はいつでも指導者にもなれるし、監督者にも、そして独裁者にもなれるのです。

文字通りの顧問であれば、部員との関係は横並び、もしくは斜め上くらいの関係でしょうが、指導者・監督者となれば、それは部員のはるか上に位置するものとなってしまいます。そのような顧問と部員のあるべき教育的な関係性は、容易に権力的な上下関係へと転移するのです。

部活動は学校における正規の教育課程に位置付けられていないがゆえに、教師と生徒の関係が教育的な枠組みに基づくことでの歯止がかからず、部活動の指導は、常に原則なき指導となってしまう恐れがあるのです。ここにも、部活動がブラックなものになってしまう落とし穴があるのです。

このような原則なき部活動の生徒指導化と、顧問の独裁者化が、部活動をブラックなものにしている最大の要因であるように思われます。

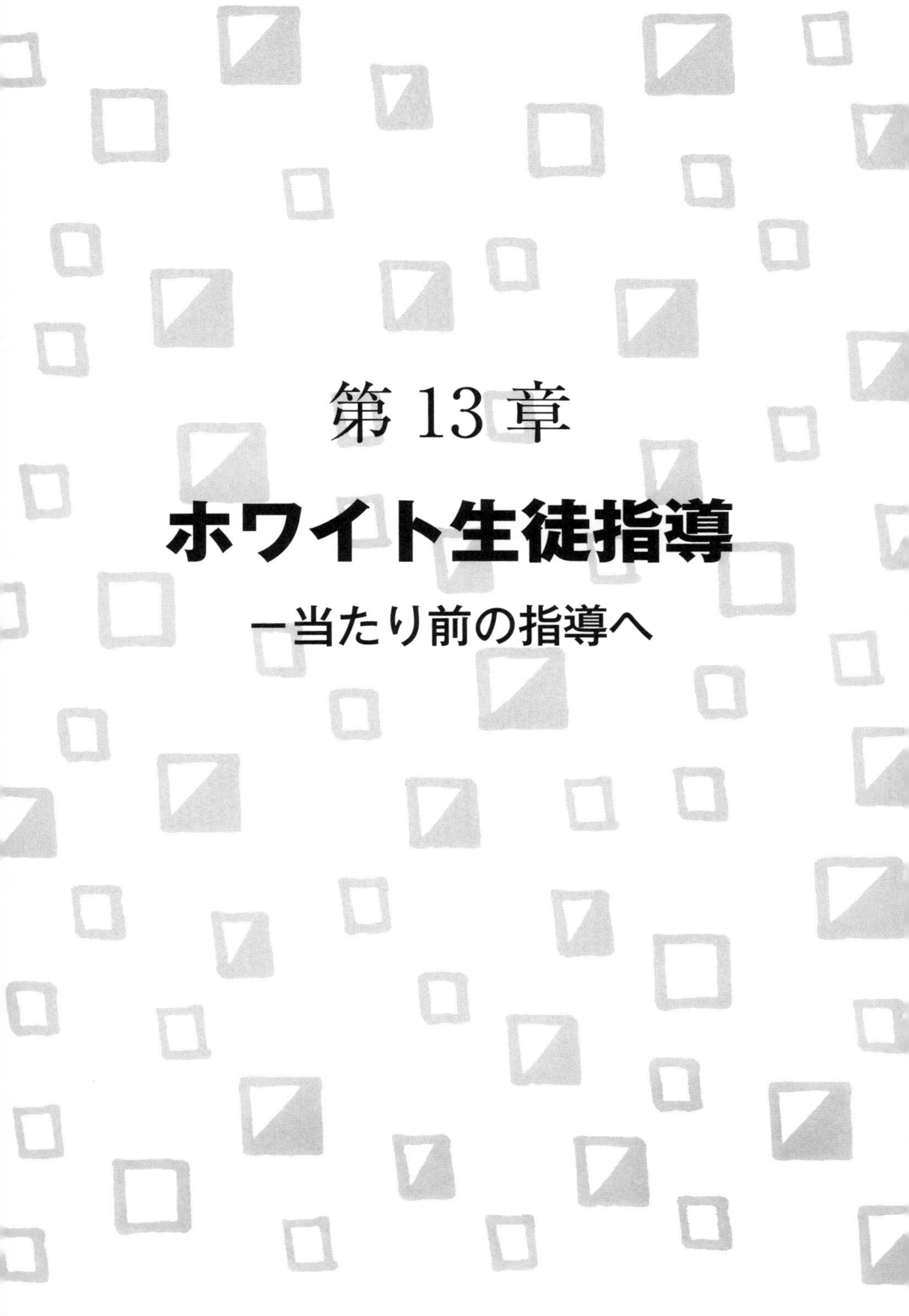

第13章

ホワイト生徒指導

―当たり前の指導へ

●学校の中の「当たり前」を見直す

ブラックな生徒指導をホワイトな生徒指導にするためには、どうすればよいのでしょうか？

それは、生徒指導において本来の意味での教育と指導を取り戻すことではないでしょうか。

ゼロトレランスによる生徒指導を進める時によく言われるのが、「社会で許されないことは、学校でも許されない」、あるいは「してはいけないことは、してはいけない」、「当たり前のことは、当たり前に実施する」ということです。

確かにその通りですが、「社会で許されないことは、学校でも許されない」というのであれば、当然、「社会で許されることは、学校でも許される」ことになるはずです。しかし、「社会で許されている」ことが、「学校では許されない」となっていることは少なくないと思います。

また、学校では校則で児童生徒が「してはいけないこと」がたくさん決められていますが、教師にとっても、体罰をはじめとして「してはいけないこと」はたくさんあると思います。

学校の当たり前は、社会の当たり前と同じなのでしょうか。

よく、「学校の常識は社会の非常識、社会の常識は学校の非常識」と言われるように、学校では当たり前のこととして行われていることが、社会一般から見れば当たり前ではないことがたくさんあります。ブラック校則はその一例だと思います。

ブラックな生徒指導をホワイトなものにするためには、まずは今の学校の中で当たり前とされていることをもう一度見直して、社会一般の当たり前と同じものにするべきではないでしょうか。

東京都の千代田区立麹町中学校の校長だった工藤勇一氏が『学校の〈当たり前〉をやめた。』（時事通信社、2018 年）で紹介していますが、氏が校長として赴任した 2014 年以来、学校の当たり前とされている服装・頭髪指導、宿題、定期テスト、固定担任制などを次々と廃止しました。

工藤氏によると、いまの学校では手段が目的化しているものが多いとしています。学校本来の目的は「児童生徒が社会の中でよりよく生きていけるようにする」ことですし、そのためには児童生徒が自分で考え、判断し、決定し、行動する、いわゆる自律する力を身に付けさせなくてはなりません。そんな学校本来の目的を実現するためには、学校の当たり前を見直していくべきだと言っています。

同じ東京都で世田谷区立桜丘中学校長だった西郷孝彦氏も、校長として赴任した2010年以降、校則も定期テストも宿題も廃止する一方で、「礼儀・出会い・自分」の三つを大事にする当たり前を掲げて、まずは教師と生徒の信頼関係を築くことを第一にする学校づくりに取り組んだことで知られています。

二人の校長に共通していることは、いまの学校で当たり前とされていることを見直して、社会一般にも通用するような本来の当たり前を学校でも実現しようとしたことです。

●社会の当たり前は法の支配と立憲主義

今の社会の中で守らなければならないこと、してはいけないことは何でしょうか。それは、この社会で法律として定められている当たり前の決まりを守ることではないでしょうか。

当たり前のことを英語では obvious とか naturally もしくは aright などと表現しますが、obvious だと「明らかに」、naturally だと「自然に」という感じになりますが、aright は「正しく」というニュアンスになります。ここで私が使っている当たり前というのは、この aright という表現がぴったりだと思います。そして、right という英語には権利という意味もあります。

人間として当たり前に持っている権利のことを「基本的人権 (fundamental human right)」と言いますが、まさに社会と法律において当たり前に守らなければならないことは、この基本的人権を尊重することではないでしょうか。

「社会と法律で許されないことは、学校でも許されない」というのは当たり前のことです。なぜなら基本的に「他人の権利を侵害すること」は法律で許されていないからです。

日本国憲法においても、その下の法律においても、国民の基本的人権は最大限に尊重されるべきものでされています。従って、個人の権利が制限されるのは「他人の権利を侵害する可能性」があり、「他の人の人権との調整する必要がある」場合のみであるという、公共の福祉の原則に基づかなければならないのです。

一方で、「社会と法律で許される（保障される）ことは、学校でも許される（保障される）べき」だと思います。なぜなら、全ての国民対して基本的人権が保障されている以上、学校においても児童生徒の基本的人権は当たり前に保障されなければならないからです。

社会と法律の当たり前を学校にも適用するのであれば、まずは学校の当たり前を、社会と法律の当たり前と同じにしなければなりません。学校の常識が社会と法律の常識と違っていてはならないのです。少なくともブラック校則のように、社会と法律の常識から見て理不尽な決まりは、すぐにでも廃止しなければならなりませんし、ブラック生徒指導による教師の児童生徒への人権侵害は決してあってはならないことなのです。

日本の社会において、そして学校においても当たり前に守らなければならない大原則は、法の支配と立憲主義です。

法の支配とは、国家権力による統治は法に基づくものでなければならないという原理です。

かつて国王や専制君主が君臨していた「人の支配」の時代では、権力者の恣意的な権力行使によって国民の権利や自由が認められなかったり、侵害されたりしていました。近代社会においては、国家権力を法の下におくことで国民の権利や自由を保障し、何人も法の規定によらなければ権利や自由を制限されたり剥奪されることはないという「法の支配」の時代になったと言われています。

この法の支配には、①憲法は国民の基本的人権を保障するためにある、②憲法は最高法規であり、これに違反する法規範は効力を持たない、③法の内容と手続きの公正を要求する適正手続きが保障されなければならない、④権力の恣意的行使をチェックする司法機関（裁判所）の役割を重視する――という四つの原則があります。これらは、法の支配の下における国家・社会の当たり前のことです。

さらに日本は立憲主義を国の政治の基本としています。

立憲主義とは、政府の統治を最高法規である憲法に基づいて行なうという原理です。憲法は国民の権利と自由を保障することを目的としており、全ての法律、条例などの法規範はこの憲法に違反してはならないということ、さらに天皇、国務大臣、国会議員、公務員など国家の権力機関に関わる者全てはこの憲法を尊重擁護し、その理念と規定に違反してはならないということです。

憲法によって、国家権力による法律の制定と権力の行使に制限をかけることで、国民の基本的人権を保障していくことは、民主主義と立憲主義の立場をとる国家と社会にとって当たり前のことなのです。

現在の日本国憲法では、基本的人権の尊重、平和主義（戦争の否定）、国民主権（民主主義と自治）――を三つの基本理念としていますが、法の支配および立憲主義の原理から言っても、国家権力・機構およびその下で働く全ての公務員（教員を含む）は、この理念を尊重しなければならないことは当たり前のことなのです。

●「権利としての教育」という当たり前

日本国憲法における国民の三大義務は、納税・勤労・教育と言われます。このうち教育の義務は、国民が義務として教育を受けなければならないという意味ではなく、国民（大人）と国家は、子どもたちが教育を受けることができるよう保障する義務があるという意味です。

このような「教育を受ける権利」を定めているのが憲法第26条です（以下の条文）。

すべて国民は、法律の定めるところにより、その能力に応じて、ひとしく教育を受ける権利を有する。

すべての国民は、法律の定めるところにより、その保護する子女に普通教育を受けさせる義務を負ふ。義務教育は、これを無償とする。

「教育を受ける権利」は、国民が国家に対して要求できる基本的人権の一つとされ、生存権的な人権だとされています。このような「教育を受ける権利」は、全ての国民（子ども）に保障されているものであり、その権利

を保障することが国民（大人）と国家にとっての義務であることが、日本国憲法における当たり前なのです。

しかし、この当たり前は、戦前の大日本帝国憲法（明治憲法）の下では当たり前ではありませんでした。1872年に日本に学制がしかれて以来、国民にとっての教育は、国家の側から国民に対して、それを受けなければならないという「義務としての教育」だったのでした。

明治憲法・教育勅語による戦前の教育体制の下では、教育は国民にとって義務であり、天皇制国家主義的な体制の一員となるための教育を受けなくてはならなかったのでした。明治憲法には教育条項は存在せず、教育の基本は教育勅語によって定められ、学校は天皇からの命令である勅令によって規定されていました。また、学校は国家の営造物として行政の管理に服し、「特別権力関係論」によって法律によらない支配や統制が行なわれるとされていました。

このように戦前の明治憲法・教育勅語の体制下では、学校における教育は、天皇（国家）による支配・統制であり、国民にとって教育は義務であるというのが当たり前でした。

1945年8月、日本はポツダム宣言を受諾し、その基本方針に基づいた連合国軍最高司令官総司令部（ＧＨＱ）による民主化と教育改革が進められました。さらに日本国憲法が制定・施行されたことによって、それまでの日本の教育の当たり前は180度の転換が図れたのでした。

そして憲法第26条において「教育を受ける権利」が明記され、教育は国民の権利であることが当たり前になったのでした。

最高法規である日本国憲法の下に、新たな時代の日本の教育の基本方針を規定した教育基本法が制定され、さらに学校教育法をはじめとする教育関連法が「教育を受ける権利」を実現するための法体系として次々と制定され、戦前の勅令主義から法律主義への転換が図られました。

このような日本国憲法と教育基本法、その下の教育関連法体系に基づいて、日本の教育と学校は「権利としての教育」を国民に保障するものだということが当たり前になりました。

●「子どもの権利条約」の当たり前

「子どもの権利条約（児童の権利に関する条約）」は、子どもの基本的人権を国際的に保障するために定められた条約です。

18歳未満の子ども（児童生徒）を、権利を持つ主体として位置づけ、一人の人間としての人権を認めるとともに、成長の過程で特別な保護や配慮が必要となる子どもならではの権利も定めています。

前文と本文54条からなり、子どもの生存・発達・保護・参加という包括的な権利を実現するために必要となる具体的な事項を規定しています。1989年の第44回国連総会において全会一致で採択され、1990年に発効しました。

意外と知られていないのが、「子どもの権利条約」は、「○○宣言」のように理想や理念を掲げたものではなく、それを批准した国に対してその理念の実現のために実効的な取組みを求める国際条約だということです。

一般的には、国際条約は憲法よりも下に位置するけれども法律よりは上に位置するものであり、その条約を批准したことは、日本国憲法に準ずる法的効力をもつ国内法規範となるとされています。従って条約を批准した以上、それに反するような法律・条例・命令の制定および行政の執行・司法判断は行なってはならないという強い法的拘束力を持つのです。

これは、たとえば日米安全保障条約というアメリカ合衆国との間の国際条約が、私たち日本人にとってどれほど強い拘束力と影響力を持っているのかを考えれば理解できると思います。

世界のほとんどの国々が「子どもの権利条約」が採択された翌年に批准したのですが、日本が批准したのは5年後の1994年でした。世界では158番目の締約国でした。

いわゆる先進国と言われている日本が、なぜこんなに批准に時間がかかってしまったのでしょうか？それは、国内で「子どもの権利条約」の批准に消極的な勢力が反対していたからだと言われています。

その勢力の一つが学校現場だったのです。「子どもの権利条約を日本が批准したら、子どもたちが権利！権利！って主張し始めて、教師の言うことを聞かなくなり、生徒指導が出来なくなる」という教師たちの声が、少なからずあったことは事実です（当時学校現場にいた私も耳にしました）。

それでも日本は1994年に批准したのですが、当時政府が出した見解は、批准によっても「国内での立法措置と予算措置は不要である」、すなわち「何も変えない、何もしない」ということでした。「子どもの権利条約」の眼目は主として途上国の子どもたちに向けられたものであり、先進国である日本ではすでにこれらの権利は国内法で十分に子どもたちに保障されているので、新たな立法は不要であるというのが当時の政府の基本的な認識だったからです。

そして、この条約の批准について、特に不安と抵抗が大きかった学校現場に対しては、文部省も「教育関係について特に法令等の改正は必要ない」とするとともに、日本の学校はこれまでどおり必要で合理的な範囲で校則を定めてもいいし守らせてもかまわない、との見解を発表したのでした。

●子どもの権利委員会に叱られる

「子どもの権利条約」の第４条では、「締約国は、この条約において認められる権利の実施のためのあらゆる適当な立法上・行政上およびその他の措置をとる」ことなっていますが、それについての国際法的な強制力はありません。その代わりに、この条約を批准した国が、きちんとこの条約を実施しているかどうかを監視・審査していく機関として「国連子どもの権利委員会」が設置されています。

この委員会は、世界中から選ばれた18人の委員で構成され、年に３回スイスのジュネーブで開催されます。そこでは、条約締約国から定期的な報告書の提出を義務付け、それを委員会で審査します。その国の政府からの報告書だけでなく、非政府組織（ＮＧＯ）などからも情報提供を受けます。それらをもとに各級の実施状況に関する問題点を特定し、最後に締約国に対する最終所見をまとめて採択します。

日本は、これまでに５回の報告書を提出して、それを委員会で審査され、最終所見によって問題点の指摘とその解決のために必要な措置の勧告を受けています。第１回の審査の最終所見は1998年６月に採択され、日本政府への勧告がなされました。

そこでは、

---

①極度に競争的な教育体制によるストレスのため、日本の子どもが発達上の障害にさらされている。
②そのために子どもたちの余暇、スポーツ活動および休息が欠如している。
③学校ぎらい（不登校）の数が膨大である。
④学校において重大な暴力（体罰・いじめ）が頻発している。

以上のことが懸念され、競争的な教育制度が子どもの身体的・精神的健康に否定的影響を及ぼしていることに照らし、▽過度なストレス及び不登校を防止し、かつそれを克服するための適切な措置を取るべきであること、▽学校における暴力・体罰・いじめを根絶するための包括的プログラムを開発すべきであり、人権教育を学校のカリキュラムに体系的な方法で取り入れること、▽その実施を綿密に監視すべきことを勧告したのでした。

この勧告から6年後の2004年2月に行なわれた第2回、さらに6年後の2010年6月に行なわれた第3回の日本政府の報告書に対する審査と最終所見において、「国連子どもの権利委員会」は、第1回で改善を求めた事項について、日本政府が十分な取組みをしていないことを厳しく指摘するとともに、日本の国内法では条約の原理と合致しない側面が依然としてあることを指摘し、日本の法律や政策が「権利基盤アプローチ」に合致するように改善を求め、子どもの権利に関する包括的な法律の制定を検討するように勧告しました。

特に学校における体罰について、2010年の最終所見では、「すべての身体罰が禁止されるとしなかった1981年の（水戸五中事件）東京高等裁判所のあいまいな判決に留意し、懸念する」として、「体罰およびあらゆる形態の品位を傷つける子どもの取り扱いを法律によって明示的に禁止すること。すべての状況において体罰の禁止を実効的に実施すること」を日本政府に勧告しています。

そして、2019年1月には第4回・第5回の日本政府の報告書に対する審査と最終所見が公表されましたが、それまでに繰り返し指摘されてきた問題のほとんどが引き続き取り上げられており、それらへの深刻な懸念が表明されるとともに、体罰については特に「緊急的措置を求める勧告」が出されました。まさに、「何度言ったら分かるんだ！」です。

●子どもの権利条約と日本国憲法の「当たり前」を学校に

「子どもの権利条約」が発効して30年がたち、日本が批准してからも26年が過ぎました。果たして、日本の子どもたちの権利は、「子どもの権利条約」の理念である「子どもの最善の利益」を考慮して十分に保障されるようになったのでしょうか。

確かに、途上国の子どもたちと比べて、健康や保健・医療面における生存の権利や、義務教育までの就学保障の権利などについてある程度保障されていると言えるでしょう。しかし、「子どもの権利委員会」の「最終所見」によって何度も繰り返し指摘・勧告を受けているように、日本の学校教育における子ども（児童生徒）の権利保障は、様々な面で不十分であり、かつ深刻な人権侵害が改善されないまま続いています。

前述したように「子どもの権利条約」は国際条約であり、それを批准した国は国内法の改正や行政措置を取らなければならない法的拘束力を持ちます。少なくとも「子どもの権利条約」は、我が国の教育基本法や学校教育法などの教育関連法体系よりは「上」に位置するものであり、全ての教育関連法および日本の教育行政と学校における教育実践は、「子どもの権利条約」の理念と規定に従わなければならないのは、国際社会の当たり前なのです。

そのことを踏まえた上で、「子どもの権利条約時代」における日本の学校の生徒指導はどうあるべきなのでしょうか。

「子どもの権利条約」の第28条「教育を受ける権利」2項では、「締約国は、学校の規律・懲戒（school discipline）が児童の人間の尊厳に適合する方法で及びこの条約に従って運用されることを確保するためのすべての適当な措置をとる」と規定されています。

ここで学校の規律・懲戒（school discipline）とされているものは、まさに「非行問題行動への対応指導」としてのリアルな生徒指導そのものだと思われます。「子どもの権利条約」では、このようなリアルな生徒指導である学校の規律・懲戒が、「子どもの人間（人格）の尊厳と一致する方法で行われ」、また、この条約に従って運用されるように、すべての適当な措置をとることを要求しているのです。

リアルな生徒指導（学校の規律・懲戒）が、しばしば子どもの人格の尊厳を傷つけたり、基本的人権を侵害してしまう可能性があることを踏まえて、そのような生徒指導を行ってはならないとしているのです。

では、どのような生徒指導であれば、子どもの人格の尊厳が保障されるのでしょうか？

「子どもの権利条約」の第５条「親の指導の尊重」では、「締約国は、児童がこの条約において認められる権利を行使するに当たり、父母もしくは（中略）児童について法的に責任を有する他の者が、その児童の発達しつつある能力に適合する方法で、適当な指示（direcution）及び指導（guidance）を与える責任､権利及び義務を尊重する」と規定されています。

ここでは、子どもが18歳（大人）になるまでに「権利行使の主体」としての能力をしっかりと身に付けることができるようになるためには、大人（父母および子どもに法的責任を有する者＝教師も含まれる）の側からの適切な指示と指導とが必要不可欠であり、大人たちにはそのための責任と権利と義務があるということなのです。

ここには「子どもの権利条約」が、「18歳になって、突然権利行使の主体に変身するのではなく、段階的に、つまり徐々に自立できるように教育的配慮を行い、人権全体の行使主体として完成させるという考え方」（河内徳子・大東文化大教授）を持っていることが示されているのです。

すなわち、「子どもの権利条約時代」における、大人の指示と指導とは、

---

①子どもが権利を行使するにあたっての指示と指導であり、
②子どもの発達しつつある能力に適合する方法での指示と指導であり、
③子どもが「権利行使の主体」としての能力を身に付けるように指示と指導をする

ということなのです。

まさに、これが「子どもの権利条約時代」の生徒指導における指示と指導なのではないでしょうか。

日本国憲法と子どもの権利条約と教育基本法をはじめとする教育法体系に基づいて、児童生徒の基本的人権・教育を受ける権利・学習する権利を保障し、主権者として権利行使の主体となるための教師の指示と指導こそが、「子どもの権利条約時代」の生徒指導の当たり前となるべきなのではないでしょうか。

ここでもう一度文科省の生徒指導の定義を確認してみましょう。

生徒指導とは、一人一人の児童生徒の人格を尊重し、個性の伸長を図りながら、社会的資質や行動力を高めることを目指して行われる教育活動のことです。すなわち、生徒指導は、すべての児童生徒のそれぞれの人格のよりよき発達を目指すとともに、学校生活がすべての児童生徒にとって有意義で興味深く、充実したものになることを目指しています。（「生徒指導提要」、2010 年）

この生徒指導の定義を、日本国憲法と子どもの権利条約の当たり前と重ね合わせて理解し、実践していくことで、日本の学校における生徒指導が、児童生徒たちにとっては「受けたい指導」、教師たちにとっては「やりたい指導」となっていくこと、それが本当の意味で生徒指導がブラックなものからホワイトなものに、理不尽な指導から当たり前の指導になってゆく道である、と確信しています。

エピローグ
ブラック生徒指導とそれを生み出すもの

「ブラック校則」が社会的な問題となるきっかけとなった、大阪府立高校で「黒染め強要」に対する民事訴訟は現在（2020年7月）も係争中です。「黒染め強要」は、大阪府立高校の教師らが同校の女子生徒に対して「頭髪指導」の名の下に執拗な黒染強要を続けた結果、生徒を深刻な不登校状態に追い込み、退学せざるをえなくしたものです。生徒は頭髪指導によって深刻な精神的苦痛を受けたとして2017年、大阪府に対して約220万円の損害賠償を求める訴訟を大阪地裁に起こしました。

この事件と訴訟に至るまでの詳細な経過については、林慶行弁護士（大阪弁護士会所属）が2019年開催の日本教育法学会の第一分科会「生活指導と教育裁判」で報告し、その記録が「日本教育法学会年報」（第49号、2020年4月発行）に掲載されています。

それによると、女子生徒は幼少時から頭髪の色が茶色であり、中学2年生までは一度も頭髪指導を受けたことはありませんでした。しかし、中学3年になって突然、学校行事の度に黒染めを強要されるようになり、計5回ほど黒染めに応じました。生徒は、校則違反をしたことがないにもかかわらず黒染めを強要されたことで、心に大きなショックを受けました。

高校入学に際して、生徒の保護者は学校に対して、生徒が中学時代に黒染めを強要されたことによって心を痛めていることを伝えた上で、教育的な配慮を求め、「地毛登録」の制度があれば登録したい旨を伝えました。

これに対して学校側は「地毛登録制度はないが、配慮する」と回答しましたが、実際には入学時の学生証に貼付する写真を撮影する際に、「その髪の色では登校させられない」と黒染めを強要し、写真を撮影せずに生徒を帰宅させました。そのため生徒はやむを得ず、学校の指導に従い黒染めしました。
その後も、生徒が一度も染色・脱色等の校則違反をしていないにもかかわらず、頭髪の黒染めが少しでも落ちてくる度に黒染めを強要されました。黒染めを繰り返すうちに、頭皮・頭髪に健康被害が生じ、美容師からも黒染めを止めるように助言されるほどでした。

生徒が２年生になると、学校側の黒染め強要はエスカレートしました。
ゴールデンウィーク前には、生徒を授業に出席させずに別室で長時間指導が行われ、教師から「家庭環境が母子家庭であることから頭髪を染色したのではないか」との暴言もなされました。そのショックで生徒は連休中泣き続け、連休明けに登校したときも涙が止まらない状態になっていました。にもかかわらず教師は、泣いている生徒を別室に連れ出し、そこでも黒染めを強要したのでした。
夏休みに入ると、生徒は黒染めから一時的に解放されましたが、それまでの度重なる黒染めで頭皮はかぶれ、頭髪はぼろぼろになって色も汚くなっていました。そのため、生徒は美容室で茶色に染色してもらいました（黒染め以外の染色をしたのは、この時が初めて）。
夏休み中、部活動のために登校した生徒を見た生徒指導担当の教師は、髪の色について厳しく責め立て（染色した理由については何も聞かれなかったそうです）、黒染めしてから登校するよう強要しました。こうした精神的ストレスから生徒は帰宅後に過呼吸を起こして倒れ、救急車で病院に搬送されました。そこで、生徒の保護者は「ドクターストップがかかっているので、黒染めをさせて登校させることはできない」と学校に連絡しましたが、学校は「ルールだから」と、そのような状態でも黒染めをさせて登校するよう強要しました。
２学期に入ると、学校側は「黒染めが不十分」などとして４日ごとに黒染めを強要し続けました。生徒は18日間で計５回の黒染めを行いましたが、学校側は「不十分」だと言い続けました。
こうした理不尽な黒染め強要に保護者は抗議しましたが、学校側は「ルールだから」の一点張りで、抗議に耳を傾けようとはしませんでした。保護者は、教育委員会にも相談しましたが、教育委員会は学校側に「保護者とよく話し合ってください」と伝えただけで、それ以上はなにもしてくれなかったそうです。

こうした状況から、精神的にも限界に達した生徒が、「もう黒染めは嫌だ」と教師に言ったところ、学校側はこの発言をもって「指導拒否」だとして、生徒を授業に出席させず別室に留め置きました。さらに、学校側は生徒に対して、黒染めをしないのであれば学校に来る必要はないとの趣旨の発言をしたそうです。その結果、生徒は不登校になり、卒業式まで１日も出席できませんでした。

保護者の相談を受けた弁護士が学校側と交渉。弁護士は学校に対して、生来的に茶色の頭髪の生徒に黒染めを強要することや、生徒が髪を黒く染めたにもかかわらず不十分であるとして何度も黒染めを強要することは違法であること、授業や学校行事へ出席をさせないことも違法である――と主張して、生徒への謝罪、生徒の心身の健康回復のための措置、登校できるようにするための環境整備を求めました。

しかし、学校側は、これらの要望に応じなかったばかりか、黒染めして来ないことを理由に生徒名簿からこの生徒の名前を削除し、教室から生徒の席をなくすなどの措置をとったのでした。これに対して、保護者と弁護士が強く抗議しましたが、学校側は「裁判で負けない限り方針は変えない」との意向を示したため、やむを得ず訴訟に踏み切ったのでした。

この事件は、提訴当時マスコミでも大きく取り上げられ、その後「ブラック校則」という言葉が社会的に認められるきっかけにもなったのですが、今回の林弁護士の報告によって、学校側の不当な指導と対応の詳細が見えてきました。

改めて分かったことは、この事件は不合理な「ブラック校則」が問題だったのではなく、「生まれつきであっても黒色以外の頭髪は黒く染めてもらう」「その指導に従わない生徒は別室指導もしくは登校させない」という、この学校における生徒指導上のルール（校則ではない）を例外なく守らせようとするゼロトレランス的で、ブラックな生徒指導が問題となっていることです。

この学校の校則における頭髪の規定は、「染色・脱色（ストレートパーマやドライヤーアイロンによる熱変色も含む)・パーマ・エクステ・かつら・カラースプレー（黒彩も含む）・切り込み・剃り込み・ツーブロック等は禁止する。それ以外にも高校生らしくないと判断されるものは不可。ワックス・ジェル等の整髪剤を禁止する」となっており、どこにも明文として「茶髪は禁止する」とか「茶髪は黒染めしなければならない」とは書かれていないのです。

ところがこの学校では、校則とは別に、教師の側の生徒指導のルールとして「生徒指導方針」というマニュアルのようなものがあり、そこには生徒の頭髪の指導について、①教諭が屋外の明るいところで生徒の髪を確認し、教諭の主観で少しでも茶色く見えたら黒染めさせる、②生徒が黒染めをしてきても、教諭が主観で不十分と判断すれば4日以内にやり直しをさせる、③生徒が素直に指導に従わない場合は、「指導拒否」として出席停止等の措置をとる――などとされていました。また、「中学時代に一度でも黒染めをしたことがある生徒は、地毛が何色であっても、黒色を維持してもらうのが学校のルールである」ともされていました。

このように「茶髪は黒染めさせる」というのは、この学校における生徒指導上のルール(マニュアル)であって校則ではありません。この事件では、女子生徒は校則違反が問題なったのではなく、学校側の「茶髪は黒染めさせる」という生徒指導上のルールに従わなかったことが問題とされたのです。教師たちは、「生徒指導方針」という生徒指導のルールに従って、「全員一致して」「小さな逸脱も見逃さず」「例外なく毅然とした態度で」この生徒の指導に当たったのです。

この生徒は生まれつきの頭髪が茶色ですので、もしこれを黒く染めたら「染色」になり「校則違反」となるのですが、学校側は入学時に黒染めを強要しています。さらに、生徒は繰り返しの黒染めを強要されますが、頭皮・頭髪の健康被害と精神的苦痛からやがて黒染めすることを拒否することになります。これが学校側からは「指導拒否」とみなされ、生徒は別室指導や帰宅指導を受けることになります。

ある意味で学校側の生徒への指導は一貫しています。それは、生徒側の事情（頭皮・頭髪の健康被害、精神的苦痛など）は一切考慮することなく、学校側の生徒指導の方針として決まっていることを、厳格に例外なく守り、適用していこうとしていることです。そして、その方針に従わない場合には別室指導や帰宅指導という出席停止的な措置によって学校から強制的に「排除」しようとしていることです。

これは、まさにゼロトレランスによる生徒指導そのものなのではないでしょうか。

しかし、そのような指導は、結果としてこの生徒の身体への健康被害と精神的な苦痛を与え、登校することができなくさせ、退学にまで追い込んでしまったのでした。その原因は、この学校におけるゼロトレランス的な生徒指導にあることは間違いありません。

これまでみてきたとおりゼロトレランス的な生徒指導とは、基本的に生徒を指導したり懲戒したりすることで生徒を教育もしくは矯正しようとするものではなく、学校や教師の指導（命令）に従わない生徒を出席停止的な措置によって学校から「排除」しようとすることを目的とするものだからです。

神戸高塚高校（兵庫県）において女子生徒を門扉で圧死させた教師は、起訴された刑事裁判で「自分は校門指導のマニュアルに従って職務を忠実に遂行しただけだ」と弁明しました。大阪の高校で女子生徒に黒染めを強要した教師たちも「自分は学校の生徒指導の方針に従って職務を忠実に遂行しただけだ」と思っているのでしょうか。

ナチス支配下の欧州において、ユダヤ人の強制収容所への大量移送に指揮的役割を担ったアドルフ・アイヒマンは、戦後捕らえられて裁判にかけられた時、「自分は命令に従い、それを忠実に実行しただけだ」と弁明しました。

その裁判を傍聴した哲学者ハンナ・アーレントは、「悪とは、システムを無批判に受け入れることである」としたうえで、「そのような悪は“凡庸（陳腐）”なものであり、それを意図することなく受動的になされるものであり、同じような状況に置かれれば、われわれの誰もが犯すことになってもおかしくないものだ」と述べています。何が正しいか、自分で考えることを放棄した（システムを無批判に受け入れる）人間は誰でもアイヒマンのようになってしまう可能性がある、ということです。

個々の学校の理不尽で不合理なブラック校則や、個々の教師のブラックな生徒指導は、そのような学校や教師が意図的につくり上げたものというより、学校という制度や仕組みそのものから生み出されたものであり、それを学校や教師が無批判に受け入れるところから再生産されているものだと思います。したがって、ブラックな生徒指導とは、特別な学校や特異な教師によって行われるものではなく、どんな学校でも、どんな教師によっても行われることがあるのです。

この本では、なぜ学校の生徒指導がブラックになるのかについて様々に考えてきましたが、ようやくブラック生徒指導の"尻尾"を見つけたぐらいのところでしょうか。

ブラック生徒指導が生み出される、あるいは生徒指導がブラックなものになってしまう最大の原因であると考えられる学校という制度の構造的な仕組みと、それに支配される教師自身の意識の問題については、残された課題として引き続き考えていきたいと思います。

あと何度自分自身卒業すれば　本当の自分にたどりつけるだろう
仕組まれた自由に　誰も気づかずに　あがいた日々も終わる
この支配からの卒業　闘いからの卒業

（尾崎豊『卒業』から）

参考文献一覧

【著者・編者（敬称略）、書名・資料名、発行元、発行年の順】

<第１章・第２章：生徒指導>
内田良「教育という病　子どもと先生を苦しめる『教育リスク』」光文社、2015 年
内田良「学校ハラスメント　暴力・セクハラ・部活動」朝日新聞出版、2019 年
春日井敏之・山岡雅博編「生徒指導・進路指導」ミネルヴァ書房、2019 年
坂本昇一編「現代のエスプリ NO.172 生活指導」至文堂、1981 年
サンドラ・ヘフェリン「体育会系　日本を蝕む病」光文社、2020 年
白井慎「生活指導」学文社、1987 年
日本生徒指導学会編「現代生徒指導論」学事出版、2015 年
文部省「生徒指導の手引（改訂版）」、1981 年
文部科学省「生徒指導提要」、2010 年
山本敏郎・藤井啓之他「新しい時代の生活指導」有斐閣、2014 年

<第３章～第６章：懲戒・体罰・校則>
麻生信子「私たちは、なぜ子どもを殴っていたのか」太郎次郎社、1988 年
市川須美子「学校教育裁判と教育法」三省堂、2007 年
今津孝次郎「学校と暴力　いじめ・体罰問題の本質」平凡社、2014 年
今橋盛勝「教育法と法社会学」三省堂、1983 年
今橋盛勝・安藤博編「教育と体罰　水戸五中事件裁判記録」三省堂、1983 年
今橋盛勝「学校教育紛争と法」エイデル出版、1984 年
今橋盛勝「事実上の懲戒の実態と法理」「ジュリスト」No.912、有斐閣、1988 年 7 月
ＮＨＫ取材班＋今橋盛勝「ＮＨＫおはようジャーナル　体罰」日本放送出版協会、1986 年
江森一郎「体罰の社会史」新曜社、1989 年
金子毅「体罰教師」鳥影社、2002 年
子どもの人権と体罰研究会編「教師の体罰と子どもの人権　現場からの報告」学陽書房、1986 年
小林剛「「いじめ・体罰」がなぜ起きるか」明治図書、1993 年
坂本秀夫「生徒懲戒の研究」学陽書房、1982 年
坂本秀夫「生徒心得－生徒憲章への提言」エイデル研究所、1984 年
坂本秀夫「校則の研究」三一書房、1986 年
坂本秀夫「体罰の研究」三一書房、1995 年
島沢優子「桜宮高校バスケット部体罰事件の真実」朝日新聞出版、2014 年
鈴木里子・前田聡・渡部芳樹「近代公教育の陥穽－『体罰』を読み直す」流通経済大学出版会、2015 年
竹田敏彦編「なぜ学校での体罰はなくならないのか」ミネルヴァ書房、2016 年
深谷昌志編「現代のエスプリ NO.231 体罰」至文堂、1986 年
藤田昌士「生活指導と懲戒」（生活指導学会「生徒指導研究」No.4）大空社、1987 年
南部さおり「反体罰宣言　日本体育大学が超本気で取り組んだ命の授業」春陽堂書店、2019 年
荻上チキ・内田良編「ブラック校則　理不尽な苦しみの現実」東洋館出版社、2018 年
藤井誠二「体罰はなぜなくならないのか」幻冬舎、2013 年
星野安三郎・牧柾名・今橋盛勝編「体罰と子どもの人権」エイデル研究所、1984 年
牧柾名・今橋盛勝編「教師の懲戒と体罰」エイデル研究所、1982 年

牧柾名・今橋盛勝・林量淑・寺崎弘昭編「懲戒・体罰の法制と実態」学陽書房、1992年
松田太希「体罰・暴力・いじめ」青弓社、2019年
三輪定宣・川口智久編著「先生、殴らないで！」かもがわ出版、2013年
村上義雄・中川明・保坂展人編「体罰と子どもの人権」有斐閣、1986年
本村清人・三好仁司編「体罰ゼロの学校づくり」ぎょうせい、2013年
森田ゆり「体罰と戦争」かもがわ出版、2019年
山本敏郎「学校における暴力・懲戒・体罰を検討する―懲戒ではなくて指導を」（民主教育研究所「人間と教育」94号）旬報社、2017年

<第７章：非行・つっぱり>

相澤二郎「非行・暴力・登校拒否－子どもたちの不安」三一書房、1981年
鮎川潤「新版　少年非行の社会学」世界思想社、2002年
鮎川潤「少年非行　社会はどう処遇しているか」左右社、2014年
安香宏・瓜生武「非行少年の心理」有斐閣、1979年
五十嵐太郎編「ヤンキー文化論序説」河出書房新社、2009年
稲村博・小川克之「非行」共立出版、1983年
瓜生武・松元泰儀「学校内暴力・家庭内暴力」有斐閣、1980年
大村英昭「非行のリアリティ　『普通』の男子のいきづらさ」世界思想社、2002年
北尾倫彦・梶田叡一「おちこぼれ・おちこぼし　なぜ学業不振におちいるか」有斐閣、1984年
北澤毅編「リーディングス　日本の教育と社会⑨　非行・少年犯罪」日本図書センター、2007年
佐々木賢「学校はもうダメなのか　学校内差別と非行問題」三一書房、1981年
佐々木賢「学校非行」三一書房、1983年
佐藤郁哉「ヤンキー・暴走族・社会人　逸脱的ライフスタイルの自然史」新曜社、1985年
佐藤直樹「大人の<責任>、子どもの<責任>」青弓社、1998年
清水賢二編「少年非行の世界」有斐閣、1999年
千葉康則編「暴走族－進学競争の裏側で」日本経済新聞社、1975年
土井隆義「<非行少年>の消滅－個性神話と少年犯罪」信山社、2003年
土井隆義「人間失格　『罪』を犯した少年と社会をつなぐ」日本図書センター、2010年
土井隆義「若者の気分　少年犯罪<減少>のパラドクス」岩波書店、2012年
難波功士「族の系譜学　ユース・サブカルチャーズの戦後史」青弓社、2007年
能重真作・矢沢幸一朗編「非行　教師・親に問われているもの」民衆社、1976年
能重真作「非行克服と学校教育」民衆社、1980年
能重真作「第三の非行　いま、教育の課題を問う」青木書店、1983年
前田雅英「少年犯罪　統計からみたその実像」東京大学出版社、2000年
松嶋秀明「少年の『問題』/『問題』の少年」新曜社、2019年
森武夫「少年非行の研究」一粒社、1986年

<第８章：校内暴力>

朝日新聞社編「いま学校で　校内暴力」朝日新聞社、1983年
稲村博・小川克之編「校内暴力」共立出版、1981年
上之二郎「学校が怖い」二見書房、1981年
上之二郎「ルポルタージュ校内暴力　つっぱり・ヴォイス」パシフィカ、1981年
沖原豊「校内暴力　日本教育への提言」小学館、1983年
神埼恭郎・草間敏郎「校内暴力　事例はわれわれに何を教えるか」有斐閣、1984年

月刊生徒指導編集部編「校内暴力」学事出版、1981 年
校内暴力問題研究会編「校内暴力事例の総合的研究」学事出版、1984 年
校内暴力問題研究会編「校内暴力を中心とする少年非行克服への提言」学事出版、1984 年
毎日新聞社編「教育を追う　校内暴力の底流」毎日新聞社、1982 年
永野恒雄・柿本昌芳編「校内暴力　戦後教育の検証２」批評社、1997 年
永野恒雄・柿本昌芳編「学校という＜病い＞　戦後教育の検証３」批評社、1997 年
永野恒雄・柿本昌芳編「教師という＜幻想＞　戦後教育の検証 5」批評社、1998 年
永野恒雄・柿本昌芳編「荒れる学校　教育現場からの証言　戦後教育の検証別巻１」批評社、1998 年

＜第９章〜第 11 章：管理主義・死に至る生徒指導・ゼロトレランス＞

朝日新聞神戸支局編「少女・15 歳　神戸高塚高校校門圧死事件」長征社、1991 年
有賀幹人「教育の犯罪　愛知の管理教育」国土社、1983 年
有塚有美「あがないの時間割　ふたつの体罰死亡事件」勁草書房、1993 年
宇治芳雄「禁断の教育」汐文社、1981 年
大貫隆志編「指導死　追いつめられ、死を選んだ七人の子どもたち」高文研、2013 年
小野方資「ゼロ・トレランスによる生徒指導は教育にどんな影響を及ぼすのか」（日本子どもを守る会「子ども白書 2015」）本の泉社、2015 年
小野方資「ゼロ・トレランスに基づく福山市『生徒指導規程』の教育法学的検討」（「日本教育法学校年報」第 46 号）有斐閣、2017 年
勝野尚行「現代日本における管理主義教育の新段階（上）」（教育科学研究会「教育」No.522 号）国土社、1990 年
加藤十八編「ゼロトレランス　規範意識をどう育てるか」学事出版、2006 年
加藤十八「生徒指導の実践－ゼロトレランスが学校規律を正す」（市川千秋監修「臨床生徒指導理論編」）ナカニシヤ出版、2009 年
鎌田慧「教育工場の子どもたち」岩波書店、1984 年
北川保行「生徒指導規程の徹底がもたらした現実」（教育科学研究会「教育」No.845）かもがわ出版、2016 年
木村浩則「パフォーマンスの統治とゼロ・トレランス国家」（民主教育研究所「人間と教育」85 号）旬報社、2015 年
月刊高校生編集部「管理・校則・体罰　問題点と改革の方法」高校出版、1989 年
小林克己「『生徒指導規程』は学校と教育をどこへ導くのか」（「人権と部落問題」No.842）部落問題研究所、2013 年
城丸章夫「管理主義教育」新日本出版社、1987 年
杉浦正幸「戦後教育における管理と管理主義」（生活指導学会「生活指導研究」No.11）大空社、1994 年
原田琢也「なぜ学校は異質な空間なのか？服装・頭髪指導を中心に」（柿沼昌芳・永野恒雄編著「学校という＜病い＞」）批評社、1997 年
藤井誠二「暴力の学校　倒錯の街　福岡・近畿大付属女子高校殺人事件」雲母書房、1998 年
保坂展人＆トーキング・キッズ編「先生、その門を閉めないで」労働教育センター、1990 年
細井敏彦「校門の時計だけが知っている　私の『校門圧死事件』」草思社、1993 年
山本宏樹「ゼロ・トレランス教育論の問題圏―訓育・法治・排除の共振と闘争」（民主教育研究所「人間と教育」85 号）旬報社、2015 年
横湯園子・世取山洋介・鈴木大裕「『ゼロトレランス』で学校はどうなる」花伝社、2017 年

世取山洋介「ゼロ・トレランスに基づく学校懲戒の変容の教育法的検討」(「日本教育法学校年報」第45号)有斐閣、2016年

<第12章:部活動>
青柳健隆・岡部祐介編「部活動の論点 『これから』を考えるためのヒント」旬報社、2019年
内田良「ブラック部活動 子どもと先生の苦しみに向き合う」東洋館出版社、2017年
内田良「教師のブラック残業 「定額働かせ放題」を強いる給特法とは?」学陽書房、2018年
内田良・上地香杜他「調査報告 学校の部活動と働き方改革」岩波書店、2018年
岡崎勝・赤田圭亮編「わたしたちのホンネで語ろう 教員の働き方改革」日本評論社、2019年
神谷拓「運動部活動の教育学入門 歴史とのダイアローグ」大修館書店、2015年
島沢優子「部活があぶない」講談社、2017年
友添秀則編「部活動運動の理論と実践」大修館書店、2016年
中小路徹「脱ブラック部活」洋泉社、2018年
中澤篤史「運動部活動の戦後と現在 なぜスポーツは学校教育に結び付けられるのか」青弓社、2014年
中澤篤史「そろそろ部活のこれからを話しませんか」大月書店、2017年

<第13章:ホワイト生徒指導>
河内徳子「人権教育論」大月書店、1990年
喜多明人「新時代の子どもの権利」エイデル研究所、1990年
喜多明人「新世紀の子どもと学校」エイデル研究所、1995年
喜多明人、坪井由実他編「子どもの参加の権利」三省堂、1996年
木村草太編「子どもの人権をまもるために」晶文社、2018年
竹内常一「学校の条件－学校を参加と学習と自治の場に」青木書店、1994年
竹内常一・三上満「『子どもの権利条約』から学校をみる」労働旬報社、1993年
日弁連子どもの権利委員会編「子どもの権利ガイドブック(第2版)」明石書店、2017年
工藤勇一「学校の『当たり前』をやめた。」時事通信社、2018年
西郷孝彦「校則をなくした中学校 たったひとつの校長ルール」小学館、2019年
林慶行「校則と生徒指導の本質について」(「日本教育法学会年報」第49号)有斐閣、2020年

おわりに

学校の中の「ブラック校則」や「ブラック生徒指導」が、児童生徒にとっても教師にとっても理不尽（不合理・不条理）であるのは、社会には理不尽なことがいっぱいあるのだから、学校に通っている間にそれらの理不尽に慣れておいて、社会に出たときに我慢して耐えられるようにしておく必要があるからだという考え方があるそうです。

確かに社会や世間には理不尽なことは、本当にいっぱいあります。そんな理不尽を当たり前だと思っている人たちも少なくないかもしれません。しかし、そのような理不尽は、社会や世間にあってはならないことであり、もしあるとするならば、それは正当で、公平で、合理的な当たり前なものに少しずつでも正していかなければならないのではないでしょうか。

学校の理不尽なことを当たり前のことだと思ってしまった人たちは、社会に出たときに、その理不尽なことも当たり前のことだと受け入れてしまうでしょう。社会と世間の理不尽を正して当たり前の社会や世間にするためには、まずは学校の理不尽なものを正していかなければならないと思います。

そのためには、まずは声をあげることです。学校で理不尽であると感じた時、勇気をもって声をあげることが、理不尽な当たり前を変える第一歩になるのです。

地毛を黒く染めろという「ブラック生徒指導」を訴えた大阪の女子高生、「ブラック部活動」の理不尽さを訴えた現職教師たち、学校の当たり前を見直して校則や定期テストを廃止した中学校校長、みんな今の学校の理不尽に黙らずに勇気をもって声をあげたのです。そうした人たちの声によって、今の学校のブラックさが広く社会や世間に知られるようになってきました。彼らのあげた声は間違いなく今のブラックな学校と生徒指導を変えていくきっかけとなるでしょう。

学校の中で理不尽なことに声をあげて、それを正そうとした児童生徒たちは、大人になって社会に出ていった時、その社会や世間の理不尽に黙っているということなく、それを正そうと声をあげるはずです。今の学校の中の理不尽を正して当たり前にしていくことは、社会や世間一般の理不尽を正して当たり前な社会にしていく第一歩となるでしょう。

社会の中で「やってはいけないこと」は、学校でも「やってはいけない」のです。社会と法律において「当たり前のこと」は、学校の中でも当たり前に実施する。それが本当のホワイトな生徒指導だと思います。「社会で許されることは、学校でも許される」ことが学校の当たり前になっていき、ブラックな生徒指導がホワイトなものになっていくために、本書がその小さな一歩となることを心から願っています。

最後になりますが、私の次の本は海象社から出してもらうことを約束して長い間待って頂いた前代表の山田一志さんと、なかなかエンジンがかからない著者を叱咤激励してここまで書き上げさせて頂いた現代表の滝川徹さんには本当にお世話になりました。特に滝川さんには原稿の段階で目を通して頂き、この本の最初の読者として分かりにくいところを指摘して頂きました。おかげでなんとか刊行まで漕ぎつけることができたことにお礼申し上げます。

2020年7月31日
川原　茂雄

【著　者】
川原　茂雄（かわはら・しげお）

札幌学院大学人文学部人間科学科教授（教育学）

1957年北海道長沼町生まれ。1980年日本大学文理学部哲学科卒業後、北海道北部の下川商業高等学校の社会科教諭となる。以後、道内各地の高校で社会科（公民科）を教える。
2011年の東京電力福島第一原発事故をきっかけに、市民に向けて原発や憲法をテーマとした「出前授業」を始める。面白くて分かりやすいと評判になり注文が殺到、授業回数は2020年４月に500回に達した。
2016年に35年間勤めた高校教諭を退職し、その後札幌学院大学の教授（教育学担当）となる。主に教員免許の取得をめざす学生の教職科目（教職入門、生徒指導論など）を担当している。
著書に「高校教師かわはら先生の原発出前授業①②③」（明石書店、2012年）、「原発と教育－原発と放射能をどう教えるのか－」（海象社、2014年）、「かわはら先生の憲法出前授業　よくわかる改憲問題」（明石書店、2016年）

ブラック生徒指導～理不尽から当たり前の指導へ

2020年9月25日　初版発行

著者／川原　茂雄
発行人／瀧川　徹
発行所／株式会社　海象社
〒103-0016　東京都中央区日本橋小網町 8-2
TEL：03-6403-0902　FAX：03-6868-4061
https://www.kaizosha.co.jp/
振替　00170-1-90145
カバー・本文デザイン／㈱クリエイティブ・コンセプト
印刷／モリモト印刷株式会社

ISBN978-4-907717-46-9　C0037